Kartenlegen mit Madame Lenormand

Erna Droesbeke

Kartenlegen mit Madame Lenormand

IRIS

Von den Lenormand-Wahrsagekarten existieren verschiedene Versionen. Die wichtigsten werden in diesem Buch dargestellt:
Carta Mundi, Belgien
AG Müller, Schweiz
Amber-Studio, Belgien.

Wir danken diesen Herausgebern für die freundliche Genehmigung, die Karten in diesem Buch abzudrucken.

1. Auflage 1998
2. Auflage 2000

Übersetzung: *Agnes Voswinkel*
Umschlaggestaltung und Layout: *Seàn Mallon*

ISBN 90-76274-61-4

Inhalt

Vorwort

Die Spiel- und Wahrsagekarten von Madame Lenormand* wurden und werden von unzähligen Menschen gebraucht, um "die Karten zu legen".

Bis heute machte die Interpretation einige Probleme. Die meisten Anwender wurden nicht richtig schlüssig über die symbolische Bedeutung der Karten oder sie wußten nicht, wie sie die Karten richtig legen und deuten sollten, wie die wahre Botschaft zu ergründen sei. Vor diesem Hintergrund hat es sich die Autorin im vorliegenden Buch zur Aufgabe gesetzt, das Kartenlegen mit den Lenormand-Karten schrittweise zu erklären. Alle 36 Karten werden ausführlich beschrieben, und für jede Karte wird neben dem psychologischen Hintergrund auch die weissagende Bedeutung behandelt. Jede Legetechnik wird am Beispiel illustriert.
Natürlich soll die Bedeutung der einzelnen Karten bekannt sein, bevor man mit der Interpretation einer Auslage beginnt.
Außerdem bietet die Autorin hier eine Schlüsselwort-Methode an, die eine eingängige und klare Deutung der Karten möglich macht.
Wenn dann die Karten, die Schlüsselwörter und verschiedene Legemuster und Legetechniken bekannt sind, kann man mit dem Legen der Karten beginnen.
Nehmen Sie sich Zeit, um das Kartenlegen zu üben, und schreiben Sie Ihre Erfahrung dabei auf, bevor Sie anhand der Karten Ratschläge erteilen.

---

* *Wir passen uns heutigen Gepflogenheiten an und sprechen im folgenden von Madame Lenormand, nicht mehr, wie in früheren Zeiten, von Mademoiselle Lenormand. Anm. d. Übersetzer.*

Madame Lenormand oder die Sibylle von Faubourg St. Germain

Madame Lenormand ist über die ganze Welt bekannt und berühmt, und dies vor allem wegen der Karten, die nach ihr benannt sind und von denen man annimmt, daß sie die Richtlinien für ihre Gestaltung entworfen hat. Wer war diese Seherin? Sie wurde in Alençon, Frankreich, am 20. Mai 1772 geboren und starb in Paris als 71jährige am 25. Juni 1843.

Sie ist vor allem berühmt geworden durch die französische Kaiserin Josephine de Beauharnais, die regelmäßig zu ihrer Beratung kam. Bereits als Kind kamen ihre hellseherischen Fähigkeiten zum Vorschein. Es ist bekannt, daß sie den Klosterschwestern in der Pension, wo sie untergekommen war, vorraussagte, daß ihre Oberste versetzt werden würde, was auch geschah. Als sie 1793 in Paris wohnte, erhielt sie Besuch von drei Männern, die sich die Zukunft voraussagen lassen wollten.

Allen dreien sagte sie einen gewaltsamen Tod voraus, wobei der eine ein großes Begräbnis bekommen sollte, während die zwei anderen vom Volk verspottet und verhöhnt werden sollten.

Auch wer wenig von der französischen Geschichte und den Folgen der Revolution weiß, weiß, wer diese Männer waren: Marat, Robespierre und St. Just. Ihre Vorhersage ist eingetroffen.

Madame Lenormand war die Tochter eines wohlhabenden Tuchhändlers Alençon. Aber kurz nach seinem Tod siedelte die Familie, vaterlos und verarmt, nach Paris über. Sie wurde eingeweiht in die Geheimnisse des Kartenlegens nach der alten französischen Tradition und begann zusammen mit einer anderen Wahrsagerin, einen "Salon" zu betreiben, wo die Menschen sich die Zukunft mit Hilfe der Karten und anderer Techniken, wie z.B. der Astrologie, vorhersagen lassen konnten.

Geburtsurkunde von Madame Lenormand

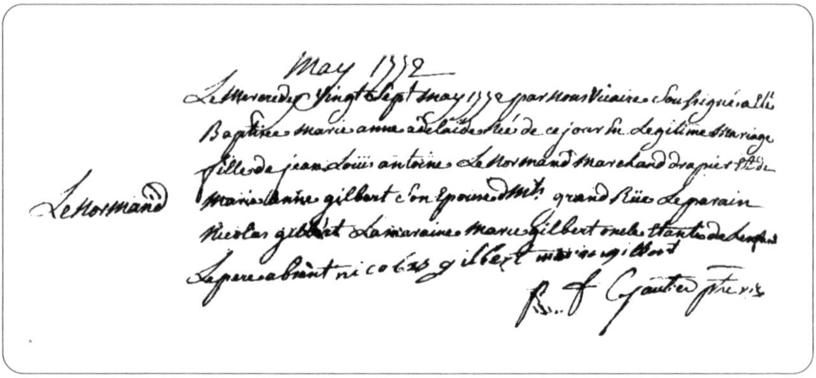

Mai 1772
Am Mittwoch, den 27. Mai 1772, wurde durch uns, den unterzeichnenden Vikar, Marie Anne Adelaide getauft, am selben Tag aus legitimer Ehe geboren, Tochter des Jean Louis Antoine Lenormand, Tuchhändler, und von Marie Anne Gilbert, seiner Gemahlin, wohnhaft in der Grand Rue. Pate ist Nikolas Gilbert, Patin Marie Gilbert, Onkel und Tante des Kindes. Der Vater abwesend. Gezeichnet: Nikolas Gilbert, Marie Gilbert, P.F. Gautier, Priester.

Als Madame Lenormand bewegte sie sich in den "besseren" Kreisen Frankreichs, in den Salons, wo sie bei einem Fest Josephine de Beauharnais vorgestellt wurde. Dieser Dame von kreolischer Abstammung war durch eine alte Schwarze vorausgesagt worden, daß sie einmal den Thron besteigen sollte.
Sie wurde mit einem jungen Offizier verheiratet, Napoleon Bonaparte, und wollte wissen, ob diese Vorhersage wahrwerden würde.
Josephine war sehr am Kartenlegen interessiert, zumal sie selbst gut mit den Karten umgehen konnte. Sie suchte Madame Lenormand um Rat auf, und diese zog die folgenden Karten: Kreuz König für Napoleon, Kreuz Dame für Josephine, und darüber kam eine Karte zu liegen, die die Krone symbolisierte. Hieraus leitete sie ab, daß Napoleon und Josephine eines Tages tatsächlich den Thron besteigen würden.

Als Napoleon davon hörte, brach er in schallendes Gelächter aus, aber wie wir wissen, ist auch diese Vorhersage eingetroffen.
Josephine de Beauharnais und Madame Lenormand unterhielten von da ab regelmäßigen Kontakt. Einmal pro Monat befragte Josephine durch Madame Lenormand die Karten.
Unter dem Namen "die Sibylle von Faubourg St. Germain" war ihr Salon in der Pariser Rue Tournon vielgefragt.
Madame Lenormand verwendete dabei verschiedene Methoden der Weissagung: Spielkarten, Tarot, Kaffeesatz, Ei-Aufschlagen, Geomantie, Blumen, Astrologie u.a.
Die Spielkarten legte sie nach drei verschiedenen Methoden aus, nämlich mit sieben, dreizehn oder siebzehn Karten. Dabei gaben die verschiedenen Kombinationen der Karten untereinander die Deutungen für die Zukunft. Außerdem benutzte sie auch 78 deutsche Tarock-Karten mit Bechern (Pokale oder Kelche), Blumen, Schwertern und Stöchen (Stäben), welche dem Herz, Kreuz, Karo und Pik der gewöhnlichen Spielkarten entsprachen. Das Honorar für ihre Wahrsagungen setzte Madame Lenormand je nach Zahlungsfähigkeit ihrer Klienten fest.
Zu Beginn jeder Beratung stellte sie einige Fragen, die ihr die Richtung zeigen sollten: Wie alt sind Sie? Sind Sie verheiratet? Haben Sie Kinder? Welche ist Ihre Lieblingsfarbe? Welche Blume gefällt Ihnen am meisten? Gegen welches Tier haben Sie eine Abneigung?
Sie bekam auch prominenten Besuch, wie etwa den berühmten Kunstmaler David oder Madame de Stael und Talma, die sie regelmäßig aufsuchten.
Madame Lenormand hatte dann keine Kenntnis davon, daß Napoleon sich von Josephine scheiden lassen wollte. Nur seine engsten Vertrauten wußten davon. Als sie nun Josephine aus den Karten las, daß Napoleon an Scheidung dachte, wurde sie durch den Kaiser wegen Verrats in Gefängnis geworfen.
Doch sie wurde gebraucht, und nach wenigen Tagen holte man sie aus dem Gefängnis wieder heraus. Nachdem Napoleon in Verbannung gehen mußte, sagte sie für Alexander und den Grafen von Berry voraus.
Als aber ein Verbot den Kartenleger(inne)n weitere Beratungen untersagte, ließ Madame Lenormand sich als Buchhändlerin einschrei-

ben. Sie gab ihre eigenen Bücher heraus - über die verschiedene Methoden, die sie benutzte, und über ihre Erlebnisse mit Kaiserin Josephine. Sie reiste nach Belgien, um die Zukunft für den Prinz von Oranien vorherzusagen.
Nach einigen Abenteuern in der belgischen Hauptstadt kehrte sie nach Paris zurück, wo sie 1843 starb. Der Begräbniszug, der von der Kirche St. Jacques-du-Haut-Pas zum Friedhof Père Lachaise ging, bestand aus einer kleinen Gruppe von Schülern und hundert armen Frauen, jede mit einer Kerze in der Hand - ihnen hatte sie eine kleine Erbschaft vermacht.
Madame Lenormand hatte ihre letzte Ruhestätte gefunden.

Sie hat dem Kartenlegen zu neuem Ansehen verholfen und mit dafür gesorgt, daß neue Kartensätze entworfen wurden, wie zum Beispiel die "Großen Lenormand", die auf ihrer Kenntnis und ihrer Erfahrung mit der alten französischen Tradition basieren.
Gegenwärtig ist sie nicht so sehr durch ihre Weissagungen berühmt, als vielmehr durch ihren Namen, den sie diesen Karten gab.
In der ganzen Welt werden nun diese Karten seit vielen Jahr mit viel Erfolg angewendet. Das vorliegende Buch möchte Ihnen die Geheimnisse des Kartenlegens, wie Madame Lenormand sie verstanden hat, enthüllen.

Ich habe Fragen zum/zur

☐ Rechnungsbetrag:

☐ Abschlagsbetrag:

☐ Verbrauchsermittlung:

☐ Betragsermittlung:

☐ Ich habe weitere Fragen zu

Zählernummer | | | | | | | | | Zählerstand | | | | | | | | |

Datum

Absender:

____
Name, Vorname

____
Straße, Hausnummer

____
Postleitzahl, Ort

____
Tel. privat:

____
Tel. dienstl.:

Kundennummer: | | | | | | | | |

Meine Fragen zur neuen Rechnung habe ich auf der Rückseite notiert.

Ich bitte um Rückruf:

Mo-Fr, in der Zeit von:

_______ Uhr bis ______ Uhr.

Porto zahlt Empfänger

GEW Köln AG
Abteilung AP

50606 Köln

Die Spielkarten im Wandel der Zeiten

Die uns bekannten Spielkarten tauchen zum ersten Mal im Mittelalter auf.
Es ist nicht genau bekannt, wie alt sie sind. Doch es ist bemerkenswert, daß sie überall auf der Welt zur gleichen Zeit auftauchten.
Man hat erst begonnen, den Ursprung der Spielkarten zu untersuchen, als die ursprünglichen Dokumenten bereits verlorengegangen waren. Das ist auch der Grund, warum so unterschiedliche Schlußfolgerungen über die herkunft der Karten gezogen werden.
Die Spielkarten stammen von den Tarotkarten ab. Der okkulten Tradition zufolge gehen die Tarotkarten wiederum auf die Hieroglyphen der Ägypter zurück. Diese verwendeten symbolische Bilder bei der Einweihung und Schulung der Adepten. Wenn wir Etteilla (Anagramm von Alliette), dem französischen Okkultisten und Wahrsager aus dem 19. Jahrhundert, folgen, so war das Buch Thoth, geschrieben von Hermes Trismegistos, die Grundlage der Tarotkarten.
Dieses altägyptische, esoterische und philosophische Buch war eines der Bücher, die dem Brand der Bibliothek von Alexandria entrannen.
Auch Court de Gebelin, der berühmte französische Historiker und Philosoph aus dem 18. Jahrhundert, vermutete, daß die Tarotkarten aus Ägypten stammen oder durch die 'Zigeuner' aus Indien mitgebracht wurden. Ihm zufolge und auch nach Vaillant, einem Okkultisten, der über Jahre bei 'Zigeunern' lebte, soll das Wort Tarot auf das ungarische Tar zurückgehen, welches wiederum vom indischen Wort Taru abstammen soll. Weiter führte Vaillant auch die 'Zigeuner'-Sprache auf das Indische zurück. Sie sollen Nomadenstämme sein, die aus Indien flüchteten, als die Muslims in Indien eindrangen. Auf ihrer Flucht sollen sie das Wissen um das Tarot mitgenommen haben.
Auch China besitzt eine jahrhundertealte Wahrsagetechnik, die an Dominosteine erinnert. In einem chinesischen Lexikon von 1678 liest man von einem kaiserlichen Offizier, der dieses Spiel erfand und bekannt machte.

Das Spiel bestand aus 32 Elfenbein-Würfeln und trug den Namen Phai.
Später wurde es aus Knochen und Papier fabriziert. Beachtenswert ist dabei, daß die Chinesen die ältesten Spielkarten der Welt besitzen, daß aber die europäischen Spielkarten einen eigenen Ursprung und nichts mit den chinesischen Anfängen zu tun haben.
Möglicherweise sind die Karten aber auch arabischen Ursprungs. Cavelluzzo zufolge soll 1379 in Viterbe (Italien) ein Kartenspiel eingeführt worden sein, das auf die Sarazenen zurückgeht. Dieses Kartenspiel wurde Naib (d.h. Vize-König) genannt. Das spanische Wort Naipe (d.h. Karte) soll vom arabischen Wort Naib kommen. Die ersten, europäischen Spielkarten stammen von den Tarot-Bildern, die italienische Meister für den königlichen Hof malten.
Seit dem Anfang des 14. jahrhunderts trifft man in Deutschland, Skandinavien, England und Frankreich Spielkarten mit den vier Farbreihen Stöcke oder Stäbe, Schwerter oder Schüppen, Pokale oder Herzen, Pentagramme oder Karos.
In Marseille, Frankreich, wurde um 1377 in den Statuten der Abtei St. Victor das Kartenspielen verboten. Daraus können wir schließen, daß das Kartenspielen schon recht weit verbreitet war. Im 19. Jahrundert wurden Spielkarten entwickelt, die auf den alten esoterischen Traditionen von Tarot, Astrologie, Kabbala und Numerologie fußten. Der Kartensatz mit den 36 Lenormand-Karten bezieht sich auf das “Große Lenormand”, das aus 54 Karten besteht und mit Symbolen aus Astrologie, Mythologie, Numerologie, Blumensymbolik und Geomantie arbeitet. Auch die Spielkarten wurden darauf abgebildet. Der Kartensatz mit 36 Karten ist eine konzentrierte Version der alten französischen Tradition, mit Bildern aus 36 Lebenssituationen. Die Karten sprechen eine klare und deutliche Sprache, die sehr aussagekräftig ist, wenn es darum geht, die Probleme und die Möglichkeiten zu begreifen, die man hat, um sein Leben selbst zu regeln und zu bestimmen.

Die vier Farben und die Hofkarten

Ein traditionelles Kartenspiel teilt sich in die vier Reihen, die auch "Farben" genannt werden.
Diese Farben sind Herz, Kreuz, Karo und Pik.
Sie gehen auf die vier farben des Tarotspiels zurück. Herz entspricht den Kelchen oder Pokalen, Kreuz den Stäben oder Stöcken, Karo den Pentagrammen und Pik oder Schüppe den Schwertern.
Die vier Farben werden durch die vier Elemente aus der Astrologie bestimmt: Feuer, Erde, Luft und Wasser.
Jedes Element hat seine charakteristische Eigenschaften, die die Tierkreiszeichen sowie die Karten prägen.
Die Herzen oder Pokale werden vom Element Wasser regiert. Sie handeln von den Emotionen und den Gefühlen des Menschen. Liebe, Freundschaft und zwischenmenschliche Beziehungen werden damit angesprochen. Die Kreuze oder Stäbe werden durch das Element Feuer regiert und gelten als typisch für die Tatkraft und die Unternehmungslust des Menschen.
Hier zeigt sich tiefer, was man tut: was man macht und alles, was man unternimmt.
Die Karos oder Pentagramme werden vom Element Erde regiert. Diese Karten handeln von der Arbeit mit der Materie. Alles, was man besitzt und festhalten kann, wird hier angedeutet.
Die Schüppen oder Schwerter entsprechend dem Element Luft.
Sie werden als Denkvermögen und Intelligenz erklärt - als das, was wir mit unserem Verstand tun können.
Jede Spielkarten-Farbe teilt sich nun auf in 13 Karten: Von Eins (oder As) bis Zehn und die drei Hofkarten: König oder Herr, Königin oder Dame und Bauer oder Jüngling (Jungfrau).
Der König oder Herr enstpricht dem männlichen Aspekt oder dem Vater.
Die Königin oder Dame kündet vom mütterlichen Aspekt oder der Mutter.

Der Bauer, der den Ritter und den Bube (Page) aus dem Tarotspiel in sich zusammenfaßt, sagt mehr über die jugenbdlichen Aspekte aus und entspricht dem Kind und dem oder der Jugendlichem.
Um die Eigenschaften der Hofkarten zu kennen, muß man nach dem Element schauen, dem sie angehören.
Wenn wir sagen, daß sie dunkel oder blond sind, dann befassen wir uns deshalb nicht nur mit Äußerlichkeiten. Dunkel kann nämlich als älter, erwachsen oder ernst verstanden werden.
Für die Lenormand-Karten werden lediglich das As, die drei Hofkarten und die Karten von Sechs bis Zehn verwendet, was dem Piquet-Spiel entspricht.
Jede Karte besitzt eine symbolische Abbildung, die mit der Botschaft der Karte übereinstimmt. Die traditionelle Interpretation, die damit gegeben wird, ist der französischen Tradition des Kartenlegens aus dem 18. und 19. Jahrhundert entlehnt, wie sie von Madame Lenormand angewendet wurde.
Nachdem Sie nun in die Symbolik der Hofkarten eingeweiht sind, gehen wir zur Schlüsselwort-Methode mit der kompletten Interpretation jeder Karte über.
Dabei wird die traditionelle Bedeutung in Verbindung mit der persönlichen Botschaft einer Karte, ihrer Orakel-Bedeutung und ihrer Stellung in einer Auslage erläutert.

Schlüsselwörter/Kurzinterpretationen

Wer die Kartenkombinationen einer Auslage begreifen und interpretieren will, muß zuerst einmal die Bedeutung von jeder einzelnen Karte gut kennen! Im allgemeinen macht es jedoch einige Mühe, die Bedeutung jeder Karte im Kopf zu behalten. Zu diesem Zweck haben wir nun die folgende Übersicht zusammengestellt. Darin bekommt jede Karte ein Schlüsselwort, das mit der Kurzzusammenfassung der Bedeutung der betreffenden Karte übereinstimmt. In der letzten Spalte geben wir die Entsprechung zwischen den Karten eines gewöhnlichen Kartenspiels und den Lenormand-Karten an.
Alles was Sie tun müssen, ist nun für jede Karte die folgenden Schlüsselwörter auswendigzulernen und so die Bedeutung jeder Karte zu erfassen.

Diese Schlüsselwörter sind bei allen Methoden des Kartenlegens, die in diesem Buch vorgestellt werden, gut zu gebrauchen.

Die Schlüsselwörter

1. Reiter	Nachrichten, Besuche	Herz neun
2. Kleeblätter	Stilles Glück, Hoffnung,	Karo sechs
3. Schiff	Reisen, Handel,	Pik zehn
4. Haus	der häusliche Herd, Wohlstand im Haus,	Herz-König
5. Baum	Gesundheit,	Herz sieben
6. Wolken	Hindernisse,	Kreuz-König, ein dunkler, unternehmender, alterer Herr
7. Schlange	Unheil, Verrat, Neid,	Kreuz-Dame, eine dunkle, unternehmende Dame
8. Sarg	Ende, Tod, Untergang,	Karo neun
9. Blumenstrauß	Geschenk, vollkommenes Glück,	Pik-Dame, eine dunkle, intelligente Dame
10. Sense	Gefahr, Bruch, das plötzliche Ende,	Karo-Bube, ein/e blonde/r, hart arbeitende/r junger Mann oder junge Frau, Fremde/r
11. Rute	Zwietracht, Streit, lange Krankheit,	Kreuz-Bube, ein/e dunkle/r, unternehmende/r junger Herr oder junge Frau
12. Vögel	Schwierigkeiten, Gedanken, Glücksfälle, Inspiration,	Karo sieben
13. Kind	Kind, Gesellschaft, Schutz, Vertrauen, Wunsch,	Pik-Bube, ein dunkler, intelligenter junger Herr (oder eine entsprechende junge Frau)
14. Fuchs	Mißtrauen, Schläue, List,	Kreuz neun
15. Bär	Mutter, Kraft, Hilfe, Glück,	Kreuz zehn
16. Stern	Geburt, Fortschritt, Popularität, Erfolg, Veranlagung, Wille,	Herz sechs
17. Storch	Veränderung, Umzug,	Herz Dame, eine blonde, sensible Dame

18. Hund	Treue, Freundschaft, Wachsamkeit,	Herz zehn
19. Turm	Lebenslauf, Bekanntheit,	Pik-As
20. Garten	Umgebung, Kreativität, Popularität,	Pik acht
21. Berg	Feind, Widerstand,	Kreuz acht
22. Weg	Kreuzungspunkt im Leben, Wahl,	Karo Dame, eine blonde, hart arbeitende Dame, eine Reisende
23. Mäuse	Verlust, Diebstahl,	Kreuz sieben
24. Herz	Liebhaber, Liebe, Glück,	Herz Bube, ein blonder, gefühlvoller junger Mann oder aber eine ebensolche junge Frau
25. Ring	Hochzeit, Vereinigung,	Kreuz As
26. Buch	Studium, Geheimnis,	Karo zehn
27. Brief	Nachrichten, Dokumente,	Pik sieben
28. Herr	Der Fragesteller, Partner, Freund,	Herz As
29. Dame	Fragestellerin, Partnerin, Freundin,	Pik As
30. Lilie	Vater, Glück, Unterstützung,	Pik König, ein dunkler, Schutz, Förderung, intelligenter älterer Herr
31. Sonne	Vermögen, Optimismus, Intuition,	Karo As
32. Mond	Fortschritt in der Gesellschaft,	Herz acht
33. Schlüssel	Ein Neubeginn, Erfolg, Lösung,	Karo acht
34. Fische	Reichtum, Gewinne, Vermehrung,	Karo König, ein blonder, hart arbeitender älterer Herr, ein Fremdling
35. Anker	Verlangen, Treue, Heimathafen, Sicherheit,	Pik neun
36. Kreuz	Leid, Unglück, Ende eines Zeitraums,	Kreuz sechs

Die Bedeutung der Karten von Madame Lenormand

Im folgenden wird für jede einzelne Karte behandelt:

- Die traditionelle Bedeutung
- Die persönliche Botschaft
- Der Orakel-Spruch
- Die Stellung in Kartenkombinationen

Die Schlüsselwörter und der Wert jeder Karte werden ebenfalls jeweils angegeben.

1. Reiter

Carta Mundi, Belgien

AG Müller, Schweiz

Amber-Studio, Belgien

1. Reiter

Nachrichten, Besucher, Transport

Herz neun

1. Traditionelle Bedeutung

Der Reiter bringt Neuigkeiten. Wenn er fern von der Personenkarte liegt, werden die Neuigkeiten aus dem Ausland kommen.
Liegt er dicht bei dieser Karte, dann können Sie diese Neuigkeiten in der Umgebung Ihrer eigenen Wohnung erwarten.
Je nach den Karten, die den Reiter umringen, ob günstig oder ungünstig, werden auch die Nachrichten freudvoll oder bedrückend sein.

2. Persönliche Botschaft

Sie erhalten Neuigkeiten von einer intelligenten und willensstarken Persönlichkeit. Es ist jemand, der weiß, was er will. Was er sich einmal in den Kopf gesetzt hat, das setzt er auch durch.
Das Pferd des Reiters steht für das Triebleben, das er zügeln und in die richtige Richtung lenken soll.

3. Orakel-Spruch

Etwas Neues kommt auf Sie zu. Jemand wird Ihnen etwas übermitteln, sobald er/sie dazu in der Lage ist. Das kann ein Telefonat sein oder ein Bericht, der per Bahn oder per Auto zu Ihnen gebracht wird. Berichte, die einen langen Weg zuzrückgelegt haben. Betrachten Sie die Karten rund um den Reiter, sie beschreiben die Nachrichten, die nun ankommen werden.
Für den Frager bedeutet der Reiter Neuigkeiten, die mit Sachen und Unternehmungen zusammenhängen, die er begonnen hat. Für eine Dame bedeutet der Reiter Neuigkeiten in bezug auf persönliche Angelegenheiten.

4. Stellung in Kartenkombinationen

Achten Sie zunächst darauf, in welche Richtung der Reiter blickt. Ist sein Blick auf die Zukunft gerichtet, dann werden auch Sie in der Zukunkft eine neue Nachricht erhalten. Schaut er jedoch in die Vergangenheit, dann bekommen Sie Neuigkeiten zu hören, die schon lange

unterwegs sind oder die mit der Vergangenheit zu tun haben, wobei diese neuen Nachrichten aus der Vergangenheit für die gegenwärtige Situation von belang sind.
Liegt der Reiter bei der Personenkarte oben oder unten, dann können Sie jetzt neue Informationen erwarten.
Fern von der Personenkarte gelegen, kündigt der Reiter Neuigkeiten aus dem Ausland oder aus weiter Entfernung an. Liegt er jedoch nahe bei der Personenkarte, besagt er, daß Sie die Neuigkeiten in der eigenen Wohnung erwarten können, z.B. durch ein Telefonat, ein Telegramm oder einen Eilbrief, der Ihnen vom Postboten gebracht wird. Auch kann man damit rechnen, daß diese Neuigkeiten von Menschen kommen, die Sie gut kennen.
Bei der Karte Nr. 22, Weg, gelegen, symbolisiert der Reiter jemanden, der oder die häufig unterwegs ist oder per Auto durchs Land reist, sowie Handelsreisende oder Kraftfahrer.
Kommt die Karte Nr. 27, Brief, in Nähe des Reiters zu liegen, dann bedeutet sie, daß Dokumente gebracht werden. Liegt der Sarg, d.h. die Karte Nr. 8, in der unmittelbaren Umgebung, dann werden Sie Nachrichten erhalten, die sich auf einen Sterbefall beziehen. Liegt wiederum das Buch, die Karte Nr. 26, auch noch in der Nähe, dann sollen diese Dokumente im Geheimen oder in aller Diskretion behandelt werden. Es könnte sich dabei um eine Todesnachricht handeln, wobei ein Nachlaß geregelt werden muß.
Daher ist es auch besonders wichtig, die Karten in der Umgebung des Reiters zu betrachten. Sie geben Hinweis auf Art und Beschaffenheit der Nachricht, die er bringt.

2. Kleeblätter

Carta Mundi, Belgien

AG Müller, Schweiz

Amber-Studio, Belgien

2. Kleeblätter

Stilles Glück, Hoffnung, Überraschung

Karo sechs

1. Traditionelle Bedeutung

Die Kleeblätter garantieren Ihnen Erfolg, wenn Sie sich weit entfernt von den Wolken befinden. In der Nähe der Wolken jedoch bringen sie jedoch viel Verdruß mit sich.
Wenn die Karte Nr. 2 dicht bei der Personenkarte liegt, zeigt sie Glück und Freude an. Jede Art von Traurigkeit wird nur von kurzer Dauer sein, und die Freude wird wieder zurückkehren.

2. Persönliche Botschaft

Die Kleeblätter wollen deutlich machen, daß jemand an Sie denkt. Das wird eine sorgsame und fleißige Person sein, die Sie glücklich machen will.
Die Kleeblätter stellen häufig auch einen Menschen dar, der zurückgezogen lebt und mit Kräutern arbeitet und in der Natur wandelt.

3. Orakel-Spruch

Die Kleeblätter erzählen von dauerhaftem Glück, worauf Sie lange haben warten müssen. Geben Sie den Mut deshalb nicht auf und zweifeln Sie nicht länger: Auch für Sie wird alles gut!
Schauen Sie sich die Karten an, die die Kleeblätter umgeben: Sie sagen Ihnen, aus welcher Richtung das Glück auf Sie zukommt.

4. Stellung in Kartenkombinationen

Wenn Sie dicht bei der Personenkarte liegen, kündigen die Kleeblätter Trost und Glück an und weisen darauf hin, daß eine lang andauernde Traurigkeit verschwinden wird.
Liegen sie aber dicht bei den Wolken, so können sie eine große Enttäuschung ankündigen und auf viel Ärger und Verdruß hinweisen, die daraus erwachsen werden. Liegen die Kleeblätter von den Wolken fern, dann werden Sie sich eines großen Glücks erfreuen.
Beachten Sie auch, in welche Richtung die Kleeblätter weisen. Befinden sie sich in der Zukunft oder in der Vergangenheit? Liegen z.B. in

der Vergangenheit, dann müssen Sie sich fragen, ob Sie Ihnen Glück oder Verdruß gebracht haben. Glück oder Verdruß ist dann wiederum abhängig von der Stellung, die die Wolken in dieser Auslage haben. Liegen diese auch in der Vergangenheit und dicht bei den Kleeblättern, dann haben Sie in diesem Fall viel Verdruß und Enttäuschungen in der Vergangenheit erlebt.

3. Schiff

Carta Mundi, Belgien

AG Müller, Schweiz

Amber-Studio, Belgien

3. Schiff

Reisen, Handel, Erbschaft

Pik zehn

1. Traditionelle Bedeutung

Das Schiff weist, wenn es dicht bei der Personenkarte liegt, auf eine bevorstehende Reise hin.
Man muß und darf es auch als Quelle für einen kurzfristigen Reichtum ansehen, der durch Handel und/oder Erbschaft anfallen wird.

2. Persönliche Botschaft

Das Schiff kommt mit gehißten Segeln auf Sie zu.
Es fährt mit großer Zielstrebigkeit und Sicherheit den Kurs, den es sich ausgesucht hat. Seit alten Zeiten bedeuten die Schiffe auch den Transport von Waren von einem Land zum anderen. Darum spricht diese Karte auch vom Handel und dem daraus folgenden Wohlstand.

3. Orakel-Spruch

Das Schiff hat mit Gütern und Werten zu tun, die befördert und transportiert werden und zu Ihnen unterwegs sind. Seien Sie achtsam im Handel, dann können Sie große Gewinne erwarten!
Großer Erfolg ist für Sie vorgezeichnet mit allen Gütern und Waren, die aus der Fremde kommen!
Ihr Bankkonto wird wachsen und durch gute Geschäfte oder durch Ihnen zufallende Erbschaften gedeihen. Wohlstand und blühender Reichtum.
Aber das ist noch nicht die wichtigste Botschaft dieser Karte. Das Schiff bedeutet vor allem eine bevorstehende wichtige Reise. Das kann in der Tat mit einem Schiff zu tun haben, aber in unserer Zeit kann das ebenso gut auf eine
Flugreise übers Meer verweisen. Besonders wenn der Storch, die Karte Nr. 17, in der Nähe zu liegen kommt. Sie werden einen anderen Kurs fahren oder ganz prosaisch eine Bootstour unternehmen.

4. Stellung in Kartenkombinationen

Kommt das Schiff bei der Personenkarte zu liegen, dann deutet dies darauf hin, daß der Frager eine weite Reise erwarten darf. Betrachten Sie immer die Karten, die das Schiff begleiten. Falls der Sarg, Karte Nr. 8, in der Nähe des Schiffes liegt, können Sie eine Erbschaft erwarten oder müssen aufpassen, daß Ihnen kein Unfall auf einer Reise zustößt. Die Fische, Karte Nr. 34, kündigen Reichtum an, und wenn Sie in der Nähe des Schiffs liegen, können Sie sich auf eine beträchtliche Geldsumme freuen, die auf Ihr Bankkonto gelangen wird, oder auf eine interessante Transaktion, die Ihnen viel Geld bescheren wird. Auch können es hier Handelsbeziehungen mit dem Ausland sein, die finanzielles Glück bringen.

Kommt der Storch, Karte Nr. 17, in die Nähe des Schiffes, dann wird Ihnen diese Reise eine große Veränderung in Ihr Leben bringen, vielleicht einen Umzug. Aber immer weist auf das Schiff auf große Entfernungen bei Reisen an!

4. Haus

Carta Mundi, Belgien

AG Müller, Schweiz

Amber-Studio, Belgien

4. Haus

der häusliche Herd, Wohlstand im Haus,

Herz-König: ein blonder, gefühlvoller, älterer Herr

1. Traditionelle Bedeutung

Das Haus ist ein Zeichen für Wohlstand. Selbst wenn der Frager sich im Augenblick in einer weniger positiven Lage befindet, wird eine bessere Zukunft vorhergesagt.

Hüten Sie sich vor Ihrer Umgebung nur, wenn die Karte Nr. 4 in der Mitte der Auslage liegt, und zwar unter der Karte, die den Frager darstellt.

2. Persönliche Botschaft

Der Herz-König macht Musik und schaut liebevoll zu dem prächtigen Haus hin, ein Schloß beinahe, das sich unter ihm befindet. Ein Weg führt durch den geschmackvoll angelegten Garten zum Haus hin. Alles auf dieser Karte atmet Offenheit und Gesellschaft.

3. Orakel-Spruch

Das Haus kündigt Zufriedenheit, Sicherheit und Schutz an. Sie sind umgeben von Menschen, die Sie lieben. Falls Sie aber in letzter Zeit vor allem Kummer und Sorgen gehabt haben, wird dies nun wieder besser werden.

Sie werden von einer väterlichen Figur beschirmt, die es gut mit Ihnen meint.

Das Haus spricht auch von Wohlbehagen, Geselligkeit, Ruhe und Frieden.

4. Stellung in Kartenkombinationen

Liegt das Haus in der Vergangenheit, so hat ein Haus in Ihrem Leben eine große Rolle gespielt. Man kann dies auch so interpretieren, daß Ihre elterliche Wohnung oder Ihre Eltern einen großen Einfluß in Ihrem Leben gehabt haben. Liegt die Karte in der Gegenwart und unter der Personenkarte, warnt Sie das Haus vor Ihrer unmittelbaren Umgebung: Sind die Menschen, mit denen Sie täglich zu tun haben, vertrauenswürdig und wirklich ehrlich?

Das Haus kann auch davor warnen, daß Sie in Ihren Möglichkeiten und Wünschen durch Ihre Umgebung eingeschränkt werden.
Steht das Haus in einer Auslage jedoch in der Zukunft, weist diese Karte darauf hin, daß Sie in den Besitz eines Hauses gelangen werden oder daß ein Haus eine große Rolle in Ihrem Leben spielen wird.

5. Baum

Carta Mundi, Belgien

AG Müller, Schweiz

Amber-Studio, Belgien

5. Baum

Gesundheit,

Herz sieben

1. Traditionelle Bedeutung

Der Baum sagt uns Gesundheit oder Krankheit voraus, je nachdem, ob er nahe bei der Personenkarte liegt oder nicht. Wir wünschen, daß der Baum, die Karte Nr. 5, dicht bei den Bäumen von anderen Karten liegt: Dies ist das sicherste Unterpfand für eine äußerst glückliche Zukunft und für die Erfüllung Ihrer Wünsche.

2. Persönliche Botschaft

Der Baum steht für Sie selbst: Für Ihre Persönlichkeit, Ihre Lebenskraft, Ihre Gesundheit, Ihre Energie und Ihre Lebenslust. Die Kraft, die Sie ausstrahlen.

3. Orakel-Spruch

Der Baum stellt Kraft und Reife dar. Durch die sprossende Vitalität und die strahlende Lebenskraft werden Sie viele Freunde anziehen und Menschen, die gern in Ihrer Umgebung weilen. Außerdem steht diese Karte auch dafür, daß Sie sich um Ihre Gesundheit kümmern müssen. Der Baum symbolisiert des öfteren ein Leben auf dem Lande oder ein ländliches Leben, zu dem Sie sich hingezogen fühlen.

4. Stellung in Kartenkombinationen

Liegt der Baum dicht bei oder oberhalb der Personenkarte, dann müssen Sie auf Ihre Gesundheit aufpassen. Dann sollten Sie auf jede übermäßige Anspannung verzichten, die die Gesundheit schwächen könnte. Nehmen Sie sich Zeit für Ruhe und Rast.

Der Baum unterhalb der Personenkarte warnt Sie vor einer leidigen Krankheit, die Sie behandeln lassen müssen.

Weit von der Personenkarte entfernt, gibt der Baum Ihnen absolute Beruhigung: Sie haben eine eiserne Gesundheit!

Liegt der Baum in der Vergangenheit, dann kann diese Karte davon handeln, daß Sie eine Krankheit oder eine andere Prüfung zu bestehen hatten.

In der Zukunft gelegen, kann dieselbe Karte auf Ihre Gesundheit hinweisen oder auf die Tatsache, daß eben Ihre Gesundheit eine große Rolle in Ihrem Leben spielen wird.
Kommt der Baum geradewegs zwischen den Karten für Ihren Partner und für Sie selber zu liegen, so müssen Sie sich möglicherweise auf eine Krankheit gefaßt machen, die Sie selber, den Partner oder Ihre Beziehung betrifft.
Achten Sie dabei immer darauf, welche Karten in der Nähe des Baumes liegen. Sie geben Ihnen weiteren Aufschluß über Ihre Gesundheit.
Besonders vorsichtig heißt es sein, wenn der Sarg, Nr. 8, ganz nahe bei dem Baum liegt. Eine sehr leidige oder langwierige Krankheit kann Sie plagen und möglicherweise den Tod zur Folge haben. (Andererseits: Jeder Mensch wird sterben, und über den Zeitpunkt wird hier nichts gesagt.) Interpretieren Sie die Karten für jemand anderen, so sollten Sie sehr aufmerksam und diplomatisch in dieser Frage sein. Verkündigen Sie ihm auf keinen Fall ein nahes Ende, aber sagen Sie ihm, daß es auch um Krankheit geht und zum Beispiel darum, sich selber mehr Ruhe zu gönnen oder eine vorhandene Krankheit besser behandeln zu lassen. Sagen Sie dann, daß ihr Gegenüber zum Arzt gehen sollte zu einer allgemeinen Untersuchung. Stellen Sie ihm oder ihr das so vor, daß er/sie eine große Reinigung, einen Hausputz in seinem Körper halten muß, wodurch er oder sie sich stärker oder gesünder fühlen wird als jemals zuvor.

6. Wolken

Carta Mundi, Belgien

AG Müller, Schweiz

Amber-Studio, Belgien

6. Wolken

Hindernisse,

Kreuz-König, ein dunkler, unternehmender, älterer Herr

1. Traditionelle Bedeutung

Die Wolken weisen auf einen ziemlich heiklen Zustand hin. Wenn der hellere Teil des Himmels auf dieser Karte sich an der Seite der Personenkarte befindet, ist das ein Zeichen für Glück. Wenn aber die dunkle Seite der Wolke (die rechte Seite) an die Personenkarte grenzt, wird bald ein ernstzunehmendes Hindernis auftauchen.

2. Persönliche Botschaft

Der Kreuz-König umfaßt aufmerksam sein Schwert und schaut wachsam über die See. Das Wasser umspült einige Felsen, die aus dem Sand herausragen. Sie müssen nun gut aufpassen, wo Sie Ihre Füße hinsetzen, denn unter dem Wasserspiegel befinden sich Felsstücke, die Sie ernstlich verletzen können. Die Felsen symbolisieren ein Hindernis oder einen Widerstand in Ihrem Leben, den Sie sich ernsthaft anschauen sollten. Rechts oben verdunkeln Unwetterwolken die Atmosphäre, die aus dieser Karte spricht, noch mehr.

Wir müssen gut auf der Hut sein, denn jeden Augenblick kann ein Unwetter losbrechen.

Der Kreuz-König stellt auch einen Geschäftsmann mit viel Verantwortlichkeit und einigen Sorgen dar.

3. Orakel-Spruch

Die Wolken warnen uns vor einem ernstzunehmenden Hindernis auf dem Lebensweg und machen deutlich, daß dieses überwunden werden muß. Wir müssen einen kühlen Kopf behalten und dürfen den Kopf nicht hängen lassen! Möglicherweise ist die Zukunft doch nicht so dunkel, wie sie nun aussieht. Schauen Sie auf die umgebenden Karten, um zu wissen, worin das Hindernis im einzelnen besteht. Denken Sie darüber nach, wie die gesamte Situation aussieht, und handeln dann. Es ist noch nicht alles verloren, möglicherweise bedeutet das, was zunächst wie ein Hindernis aussieht, auch den Anstoß für ein neues Glück.

Eine Handelsangelegenheit verlangt viel Konzentration und Aufmerksamkeit.

4. Stellung in Kartenkombinationen

Die Karten, die diese Wolken-Karte umgeben, werden Ihnen genauen Aufschluß darüber geben, in welch unangenehme Situation Sie kommen können, wenn Sie nicht gut aufpassen.
Beachten Sie auch, in welcher Richtung oder auf welchem Platz die Wolken sich befinden: In der Vergangenheit, der Gegenwart oder der Zukunft.
Liegen Sie in der Vergangenheit, dann wissen Sie nun sehr gut Bescheid, welcher Ärger oder welches Pech der momentanen Situation vorausging. Erscheinen die Wolken jedoch in der Zukunft, dann weisen Sie eher auf die Gefahr, auf das Risiko hin, das Sie sich in eine heikle Lage bewegen könnten.
Die helle, lichte Seite der Wolken bedeutet, wenn diese neben der Personenkarte liegt, Glück.
Liegt die Personenkarte wiederum an der dunklen Seite dieser Wolken, dann kündigt sich mancher Verdruß an, verursacht durch eine leidige und traurige Angelegenheit.
Wenn die Wolken unter der Personenkarte liegen, zeigen Sie an, daß es Ihnen gelingen wird, bestehende Hindernisse mit Erfolg zu überwinden. Wenn aber diese Karte über der Personenkarte liegt, müssen Sie sich leider auf einige unvermeidbare Rückschläge einstellen. In diesem Fall werden Sie durch die Annahme des Leidens geläutert und erleichtert.

7. Schlange

Carta Mundi, Belgien

AG Müller, Schweiz

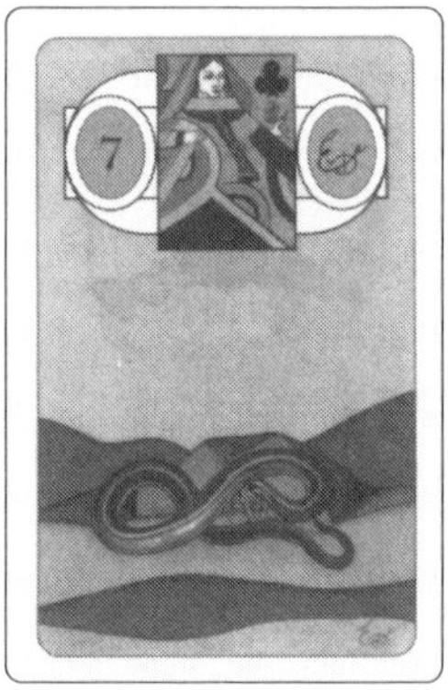

Amber-Studio, Belgien

7. Schlange

Unheil, Verrat, Neid,

Kreuz-Dame, eine dunkle, unternehmende Dame

1. Traditionelle Bedeutung

Die Schlange bewirkte das Unglück unserer Vorfahren und gilt auch heute noch als Unglücksbotin.
Abhängig davon, ob diese Karte nahe bei oder entfernt von der Personenkarte liegt, bringt sie Unglück näher heran oder weiter weg.
Daher ist es nun ratsam, Heuchlern zu mißtrauen, Verräter zu entdecken und seine Vorkehrungen zu treffen, so daß das Übel, das diese versuchen anzutun, nicht entstehen kann!

2. Persönliche Botschaft

Die Kreuz-Dame warnt vor einem nahen Unheil. Die Schlange, Zeichen für Bosheit und Verführung, ringelt sich vor ihren Füßen.
Wir werden es mit einem heuchlerischen und verräterischen Charakter zu tun bekommen. Auch steht die Schlange für jemanden, der oder die psychisch in Probleme verwickelt ist. Eine Persönlichkeit, die ihren Instinkten verhaftet ist und ihren erotischen und aggressiven Neigungen folgt.
Kreuz-Dame muß allerdings nicht immer negativ sein. Sie kann auch eine unternehmende Dame oder Geschäftsfrau darstellen.

3. Orakel-Spruch

Die Schlange kündigt Unglück und Enttäuschung an, die durch Menschen verursacht werden, denen wir zunächst vertraut haben. Jemand versucht, Sie zu verführen oder durch schöne Versprechungen aufs Glatteis zu ziehen. Auch Eifersucht ist im Spiel!
Die betreffende Person beneidet Sie und versucht Ihnen zu schaden. Er oder sie versteckt oder verschweigt etwas und macht Ihnen dadurch Sorgen. Man versucht, Ihnen Fehler unterzuschieben und Sie in ein Netz von Lügen zu verstricken.
Sie sollen eine gewinnträchtige Angelegenheit zu einem guten Ende bringen, in dem Sie geschickt und schlau zu Werke gehen.

4. Stellung in Kartenkombinationen

Die Schlange kündigt Verrat an, wobei dieser durch sogenannte Freunde oder durch heimliche Feinde geschehen wird, vor allen dann, wenn diese Karte sich ganz in der Nähe der Personenkarte befindet. Sogar wenn die Schlange von der Personenkarte weit entfernt ist, müssen Sie dennoch auf der Hut sein und danach schauen, welche anderen Karten die Schlange umringen. Sie werden Ihnen deutlich machen, aus welcher Ecke Gefahr zu erwarten ist und was Ihnen dagegen Glück bringen wird. Kommt die Schlange in einer der Kreuz-Linien vor, dann sollten Sie doppelt vorsichtig sein. Lassen Sie sich durch falsche Versprechungen und schöne Worte nicht verführen.

8. Sarg

Carta Mundi, Belgien

AG Müller, Schweiz

Amber-Studio, Belgien

8. Sarg

Ende, Tod, Untergang,

Karo neun

1. Traditionelle Bedeutung

Der Sarg ist immer ein Zeichen für eine ernste Lage. In der Nähe der Personenkarte gelegen, steht bei dieser Karte eine schwere Krankheit bevor, möglicherweise sogar der Tod, Untergang oder Abschied. Weit von der Personenkarte entfernt droht keine besondere Gefahr und das Schicksal ist wechselhafter. Der gute Einfluß anderer Karten kann jedoch die Gefahr, die vom Sarg ausgeht, verringern.

2. Persönliche Botschaft

Der Sarg steht für eine unheilvolle Situation. Sie sind am Ende Ihrer Kräfte und brauchen dringend Ruhe. Sie haben eine sehr erschöpfende Zeit hinter sich, oder Ihre Gesundheit und Ihre psychische, moralische Widerstandskraft haben gründlich gelitten. Gehen Sie jetzt zum Doktor oder starten Sie jetzt mit einer Vitaminkur!

Man fühlt sich dann leicht so, als gäbe es keine Möglichkeit mehr, dieser ernsten und schwierigen Lage zu entkommen. Doch lassen Sie sich nicht ins Bockshorn jagen, versinken Sie nicht in Selbstmitleid.

3. Orakel-Spruch

Der Sarg kündigt das Ende einer ernsten und verdrießlichen Situation an! Es kann sich aber auch um das Ende einer Liebesbeziehung, um eine Scheidung oder um den Verlust eines Jobs handeln. Auch: Etwas stirbt in Ihnen.

Der Sarg kann Sie auch darauf hinweisen, daß Sie Ihre Gesundheit viel besser beachten müssen und/oder das Sie zur Zeit von einer schlimmen Krankheit geplagt werden. Diese Karte kann auch eine Todesanzeige oder Todesnachricht ankündigen.

4. Stellung in Kartenkombinationen

Um zu sehen, welche Botschaft der Sarg für Sie hat, müssen Sie schauen, welche Nachbarkarten mit dieser Karte in Verbindung stehen. Liegt der Sarg dicht bei der Personenkarte, dann ist eine ernsthafte

Krankheit zu befürchten und zu überwinden, auch eine Krankheit, die den Tod zufolge haben kann. In diesem Fall sollten Sie möglichst umgehend Kontakt mit Ihrem Hausarzt aufnehmen.
Der Sarg sagt ein Leiden voraus: Manchmal mehr körperlich, manchmal mehr psychisch, seelisch.
Positiv gesehen bedeutet der Sarg, daß Sie sich darüber klarwerden müssen, wie ernst die Situation ist, in der Sie sich befinden. Hier wird das Ende von etwas angekündigt, aber auch ein Neuanfang!
Gehen Sie in Gedanken all Ihre Möglichkeiten durch, überlegen Sie, wie Sie wählen und entscheiden können, und treffen Sie die beste Wahl. Das ist das beste Mittel, um ein bestehendes Leiden zu erleichtern und aufzuheben.
Liegt der Sarg gekreuzt oder auf einer Ecke zwischen der Personenkarte und dem Partner, dann kann das das Ende einer Liebesbeziehung oder einer Ehe ankündigen.
Schauen Sie nach den Karten, die die Personenkarte und die Partnerkarte umringen: Sie werden mehr Aufschluß darüber geben und die Situation dahingehend beleuchten, wie Sie dies in eine positive Richtung lenken können.

9. Blumenstrauß

Carta Mundi, Belgien

AG Müller, Schweiz

Amber-Studio, Belgien

9. Blumenstrauß

Geschenk, vollkommenes Glück,

Pik-Dame, eine intelligente Dame

1. Traditionelle Bedeutung

Der Blumenstrauß bringt uns in jeder Hinsicht vollkommenes Glück, das beneidenswerteste von allem. Seien Sie glücklich, sehr verehrte Damen, wenn der Stern Ihrer Zukunft sich in der Nähe dieses Blumenstraußes befindet.

2. Persönliche Botschaft

Die Pik-Dame blickt wohlwollend auf Sie. Sie ist ein Zeichen, daß Glück auf Sie wartet.
Ihre gefühlvolle Natur und ihre freundliche Wesensart wird Ihnen manch glückliche Stunde mit der Person bescheren, die Sie lieben.
Sie haben viel mit Blumen und Parfüm zu tun. Arbeiten Sie manchmal in einem Blumengeschäft oder in einer Parfümerie?

3. Orakel-Spruch

Das Glück wird Sie niemals verlassen, und Erfolg wird Sie auf all Ihren Wegen und auf all Ihren Unternehmungen begleiten. Aus einer unerwarteten Richtung werden Sie Beistand und Beifall erhalten. Sie werden auf Blüten gebettet oder empfangen ein Geschenk von einer sehr lieben Freundin bzw. von einem sehr lieben Freund. Sie werden Freude erfahren mit herzlichen Blicken der Zuneigung und freundlichen Worten.
Sie werden angenehm überrascht und belohnt werden für Ihre treue Freundschaft und die Zuneigung, die Sie anderen haben zuteil werden lassen.
Im übrigen handelt diese Karte auch von Treue und Glück in der Liebe oder von einer unerwarteten Erbschaft von einer geliebten Person.

4. Stellung in Kartenkombinationen

Der Blumenstrauß kündigt Glück an in allem, was Sie unternehmen. Achten Sie auf die Karten, die diese begleiten, sie weisen besonders darauf hin, aus welcher Richtung das Glück zu erwarten ist. Wenn

diese Karte in einer Linie zu finden ist, die die Zukunft betrifft, dann weist sie auf ein unverhofftes, nahendes Glück hin. Liegt diese Karte jedoch in der Gegenwart, dann sollten Sie mehr verharren, in dem, was ist, und das Glück genießen, das Sie haben. Ist Ihnen eigentlich klar, wie dankbar Sie dafür sein können?
Liegt der Blumenstrauß in der Vergangenheit, dann interpretieren Sie diese Karte so, daß sich in der Vergangenheit ein großes Glück abgespielt hat, wovon Sie nun die Früchte pflücken können. Oberhalb der Personenkarte gelegen, weist der Blumenstrauß darauf hin, daß Geschenke auf Sie warten. Unter der Personenkarte erzählt der Blumenstrauß, daß das Glück in Ihren Händen liegt!
Wie immer, betrachten Sie die Nachbarkarten. Und freuen Sie sich über die Freude, die aus Freundschaft und Liebe entspringt!

10. Sense

Carta Mundi, Belgien

AG Müller, Schweiz

Amber-Studio, Belgien

10. Sense

Gefahr, Bruch, das plötzliche Ende,
Karo-Bube, ein/e blonde/r, hart arbeitende/r junger Mann oder junge Frau

1. Traditionelle Bedeutung

Die Sense prophezeit eine drohende Gefahr. Wenn gute Karten diese umringen, ist man jedoch sicher, kein Opfer zu werden. Aber der Zustand wird hoffnungslos, wenn alle guten Einflüsse ausbleiben.

2. Persönliche Botschaft

Wie die Saat, so die Ernte. Die Pflanzen werden durch die Sense abgemäht, scharf wie ein Messer und zugleich ein Symbol für alles, was abgeschnitten wird. Die Sense ist auch ein Symbol des Todes, des Vaters der Zeit, Saturn.

Er schneidet unseren Lebensfaden ab und entscheidet über Leben und Tod. Haben wir ein reiches Leben hinter uns, wenn er an die Tür klopfen kommt, oder werden wir jämmerlich aus dem Leben gestoßen, ohne daß wir dasjenige verwirklichen konnten, wofür wir auf diese Welt gekommen sind?

Der Karo Bube wirft einen kritischen Blick auf alles, was da kommen mag.

3. Orakel-Spruch

Sie befinden sich in einer gefährlichen oder aber in einer ernsthaften Lebensphase. Sie werden von Ihrer Umgebung abgeschnitten, von Ihrer Arbeit oder Ihrem Liebespartner. Das Ende einer bestimmten Etappe wird eingeläutet, und es hängt jetzt von Ihnen ab, ob Sie darauf gut vorbereitet sind. Es kann sich um eine plötzliche Krankheit oder um einen Unfall handeln. Seien Sie doppelt wachsam, wenn Sie einen gefährlichen Beruf ausüben oder an halsbrecherischen Sportaktivitäten teilnehmen. Vorsicht vor Verletzungen!

Und Vorsicht im Straßenverkehr!

4. Stellung in Kartenkombinationen

Wenn Sie Sense von Karten umgeben ist, die eine positive Botschaft besitzen, dann ist die Gefahr zwar anwesend, aber kann Ihnen persönlich nichts anhaben. Die Karte kann dann sogar darauf hinweisen, daß Sie endlich den verdienten Lohn für jahrelange Arbeit erhalten werden.

Helfen jedoch die umgebenden Karten nicht besonders viel, dann sollten Sie sich besser Rat bei einer Person mit entsprechender Lebenserfahrung holen. Seien Sie besonders vorsichtig im Verkehr und bei allem, was Sie unternehmen!

Kommt die Sense in die Nähe der Karte Nr. 8, Sarg, zu liegen, dann müssen Sie doppelt wachsam sein! Sie laufen Gefahr, demnächst in einen Unfall verwickelt zu werden. Achten Sie darauf, wo in Ihrer Auslage die Sense vorkommt. Liegt diese Karte in der Vergangenheit, dann haben Sie damals einen Unfall erlitten oder haben ein anderes Unglück zu verarbeiten gehabt.

Dicht bei der Personenkarte, prophezeit diese Karte eine ernstzunehmende Gefahr. Schauen Sie auch hier nach den Karten, die diese umringen: Sie werden Ihnen sagen, aus welcher Richtung diese Gefahr droht und wie Sie sich davor schützen können.

11. Rute

Carta Mundi, Belgien

AG Müller, Schweiz

Amber-Studio, Belgien

11. Rute

Zwietracht, Streit, lange Krankheit,
Kreuz-Bube, ein/e dunkle/r, unternehmende/r junger Herr oder junge Frau

1. Traditionelle Bedeutung

Die Rute bringt Streit mit sich. So vernichtet sie das häusliche Glück, läßt den Herd erkalten und sät Zwietracht in der Familie.
In anderen Fällen sagt die Rute eine lange Krankheit und heftiges Fieber voraus.

2. Persönliche Botschaft

Der Kreuz Bube muß seine Gegner abwehren, bevor sie ihn überfallen. Die Rute und die Peitsche, die er hier zu sehen bekommt, bedeuten nicht viel Gutes. Sie dienen dazu, um ihn zu strafen oder zu quälen.
Sie werden durch eine bestimmte Zumutung körperlicher oder seelischer Art gequält. Diese Karte sagt auch, daß Sie sich besser verteidigen müssen, wenn Sie angegriffen werden.

3. Orakel-Spruch

Die Rute kündigt Zwietracht in der Familie und in der unmittelbaren Umgebung an. Es kann sich um endlose Diskussionen und Streits handeln, und dieser Zustand kann Sie demoralisieren und entmutigen.
Die Rute deutet möglicherweise auch auf eine chronische Krankheit hin, die viel Energie verschlingt und die Ihnen viel Schmerzen bereitet. Außerdem warnt diese Karte vor schweren und langen Fieberanfällen, die nur mit Mühe gemeistert werden können.
Möglicherweise droht Ihnen eine Bestrafung. Passen Sie gut auf Ihre Zahlungen auf. Und geben Sie gut acht, wo Sie Ihren Wagen parken.

4. Stellung in Kartenkombinationen

Schauen Sie nach den Umgebungskarten, die um die Rute herumliegen: Sie werden Ihnen deutlich machen, welche Ursachen und welche Folgen der gegebene Zustand hat. Die Rute kündigt immer Auseinan-

dersetzungen im häuslichen Bereich an, worunter alle Beteiligten leiden. Auch weist die Karte darauf hin, daß jemand körperlich oder seelisch unter dieser Situation sehr leidet.
Chronische Krankheiten werden stets durch die Rute angekündigt.
Achten Sie darauf, an welchem Platz sich die Rute befindet.
Liegt die Karte in der Vergangenheit, dann ist Ihr elterliches oder früheres Haus die Quelle der Zwietracht gewesen oder Sie haben dort an einer bestimmten Krankheit gelitten.
Oberhalb oder unterhalb der Personenkarte gelegen, weist die Rute auf eine langdauernde zehrende Krankheit oder Auseinandersetzung im häuslichen
Bereich hin, verursacht durch eine Erbschaft zum Beispiel. Liegt die Rute in der Zukunft, dann sollen Sie vor einer drohenden Entwicklung gewarnt werden. Ergreifen Sie dann die notwendigen Vorsichtsmaßregeln, um diesen Zustand gar nicht aufkommen zu lassen.

12. Vögel

Carta Mundi, Belgien

AG Müller, Schweiz

Amber-Studio, Belgien

12. Vögel

Schwierigkeiten, Gedanken, Glücksfälle, Inspiration, Anrufe,

Karo sieben

1. Traditionelle Bedeutung

Die Vögel in der Nähe der Personenkarte weisen darauf hin, daß viele Schwierigkeiten überwunden werden müssen, daß aber diese Schmerzen und Enttäuschungen von kurzer Dauer sein werden. Weit von der Persönlichkeitskarte entfernt, kündigen die Vögel eine angenehme Reise an.

2. Persönliche Botschaft

Die Vögel symbolisieren unsere Gedankengänge, die Ideen und Ideale. Diese Gedanken können sich auf die Liebe beziehen, auf die menschliche Liebe, die Vereinigung von zwei Menschen in wechselseitiger Liebe. Diese Karte betrifft die Liebe, den Sex und das Gewissen: Ihre Einstellung zu sich und Ihrem Partner.

Diese Karte kann mit einer Taube oder einer Eule bebildert sein. In dem einen Fall wird der Nachdruck auf die Botschaft der westlichen Tradition gelegt - die Taube als Friedenssymbol und als Symbol des Heiligen Geistes, der sich in den Herzen der Menschen niederläßt. In dem anderen Fall steht die Eule für Weisheit und Konzentration, aber sie ist auch ein Vogel der Nacht: Grübelei und Angst, Träume und Alpträume.

3. Orakel-Spruch

Die Vögel kündigen plötzliche, unerwartete Glücksfälle an, die sich auf die Liebe, das Spiel oder das Berufsleben beziehen.

Zusätzlich deuten Sie eine Reise an, die viel Glück bringen wird. Doch genauso handelt diese Karte auch von kurzen Ausflügen.

Die Vögel stellen auch die Inspiration dar: Eine Idee erhät feste Formen, oder Sie erhalten eine Botschaft von nahen oder fernen Verstorbenen.

Jemand denkt an Sie oder will Sie in irgendeiner Weise erreichen. Sie bekommen einen wichtigen Telefonanruf.
Die Vögel symbolisieren auch das Sexleben.

4. Stellung in Kartenkombinationen

Direkt bei der Personenkarte gelegen, deuten die Vögel auf die positiven Möglichkeiten in der Liebe hin. Sie werden Schwierigkeiten überwinden.
Liegen die Vögel weit entfernt, dann dürfen Sie sich auf eine Einladung zu einer Reise freuen; oder Sie sollen sich glücklich fühlen mit der Reise, die Sie gerade machen. Abhängig von den Umgebungskarten, wird diese Karte Freude oder Verdruß bringen.

13. Kind

Carta Mundi, Belgien

AG Müller, Schweiz

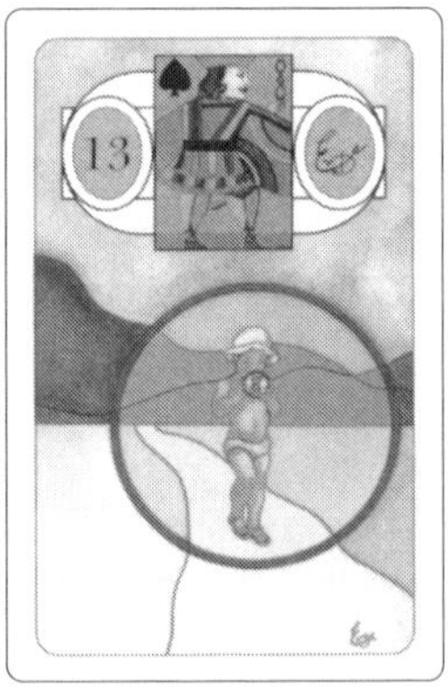

Amber-Studio, Belgien

13. Kind

Kind, Gesellschaft, Schutz, Vertrauen, Wunsch,
Pik-Bube, ein dunkler, intelligenter junger Herr
(oder eine entsprechende junge Frau)

1. Traditionelle Bedeutung

Das Kind ist der Beweis dafür, daß sich man in guter Gesellschaft befindet, und ein Zeichen für Freundschaft und Güte gegenüber anderen.

2. Persönliche Botschaft

Nichts ist so unschuldig wie ein Kind, das ganz im Spiel aufgeht oder in stillem Entzücken Blumen pflückt.
Ein Kind ist ein Geschenk des Himmels, ein Botschafter für Liebe und Freundschaft, für Freude und Freundlichkeit.
Ein Kind schenkt Ihnen Trost, wenn Sie sich betrübt fühlen, und macht Sie hoffnungsfroh, wenn Sie sich mutlos fühlen.
Spüren Sie auch das Kind in Ihnen selber: Die Unschuld, die Naivität, aber auch das Vertrauen und die Hoffnung.
Wie dunkel auch die Zukunft aussehen mag, geben Sie nie die Hoffnung und das Vertrauen auf, und bewahren Sie sich das Vermögen zu lieben tief in Ihrem Herzen.

3. Orakel-Spruch

Sie befinden sich in einer freundlichen und geselligen Umgebung. Sie haben jemand in Ihrer Nähe oder Nachbarschaft, der Ihnen Trost spendet.
Diese Karte sagt voraus, daß etwas in Ihrer Umgebung mehr Aufmerksamkeit verdient und daß Sie es beschützen müssen.
Für den Frager ausgelegt, bedeutet das Kind Hoffnung und Vertrauen. Ein sehnlicher Wunsch wird hiermit auch angedeutet.
Im allgemeinen läßt das Kind erkennen, daß Sie einer freudvollen Zeit entgegen gehen, in der ein Neuanfang gemacht werden kann. Sie sollten neue Unternehmungen beginnen oder danach trachten, etwas in neuer Form zu betreiben.

4. Stellung in Kartenkombinationen

Sie wechseln Ihre Umgebung, und die neue Umgebung tut Ihnen sehr gut. Beachten Sie, wie immer, die Nachbarkarten: Die Karten, die das Kind umringen, machen Ihnen deutlich, wie die Situation sich weiter entwickeln wird oder welche Haltung Sie zu der neuen Umgebung annehmen sollen.

Für eine Fragerin deutet diese Karte auch auf eine baldige Geburt hin, vor allem, wenn die Karte Nr. 17, Storch, in der Nachbarschaft dieser Karte liegt.

14. Fuchs

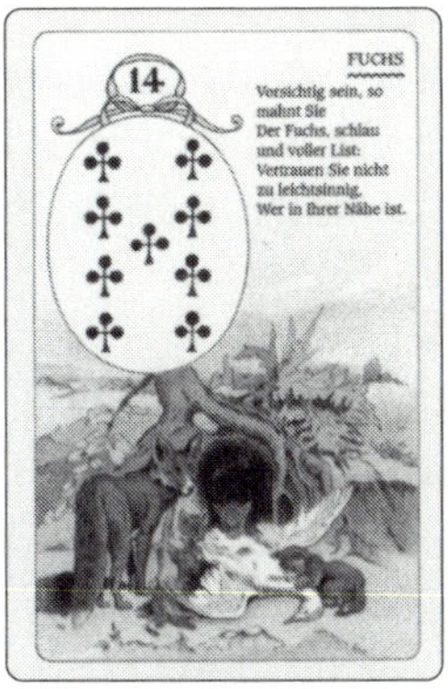

Carta Mundi, Belgien

AG Müller, Schweiz

Amber-Studio, Belgien

14. Fuchs

Mißtrauen, Schläue, List,

Kreuz neun

1. Traditionelle Bedeutung

Liegt der Fuchs in der Nähe, muß man seiner Umgebung mißtrauen. Einige Nachbarn werden versuchen, einen Betrug zu begehen. Liegt der Fuchs weit entfernt, dann hat man nichts zu befürchten.

2. Persönliche Botschaft

Wir sehen hier eine Fuchsfamilie, die gerade eine fette Gans verspeist. Auf den ersten Blick spricht da nichts gegen, Füchse müssen auch essen, aber es sieht ganz danach aus, als sei die Gans von einem Bauernhof gestohlen worden.

Von alters her ist der Fuchs für seine List bekannt. Er handelt in der Stille und wartet darauf, sein Opfer in die Falle zu locken.

Diese Karte warnt denn auch vor einem unzuverlässigen und raffiniertem Charakter, mit dem man zu rechnen hat!

3. Orakel-Spruch

Achtung! Jemand in Ihre Umgebung will Ihnen das Fell über die Ohren ziehen. Mit allen Mitteln versucht er, Ihnen Schaden zu bringen. Können Sie Ihren Nachbarn vertrauen?

Jemand beraubt Sie still und heimlich. Diese Karte handelt vor allem von Betrug und Diebstahl in der Umgebung, in der Gegend, wo Sie wohnen.

Seien Sie keinesfalls zu vertrauensselig.

4. Stellung in Kartenkombinationen

Nahe bei der Personenkarte gelegen, verweist diese Karte darauf hin, daß Sie besonders auf der Hut sein müssen. Glauben Sie nicht, daß Sie jedem oder jeder vertrauen sollten. Machen Sie es sich nicht zu gemütlich. Halten Sie Ihre Türe und Ihren Mund doppelt geschlossen!

Liegt der Fuchs weit entfernt von der Personenkarte, dann können Sie beruhigt sein.

Kommt der Fuchs in der Zukunft, dann müssen Sie aufpassen, wohin Sie gehen. Es droht möglicherweise eine verborgene Gefahr. Es liegen Neider auf der Lauer.
Aber geben Sie acht, der Fuchs muß nicht immer negative Bedeutungen besitzen. Für Mütter kann der Fuchs mitunter Kinder darstellen, vor allem wenn der Storch in der Nähe zu liegen kommt.

15. Bär

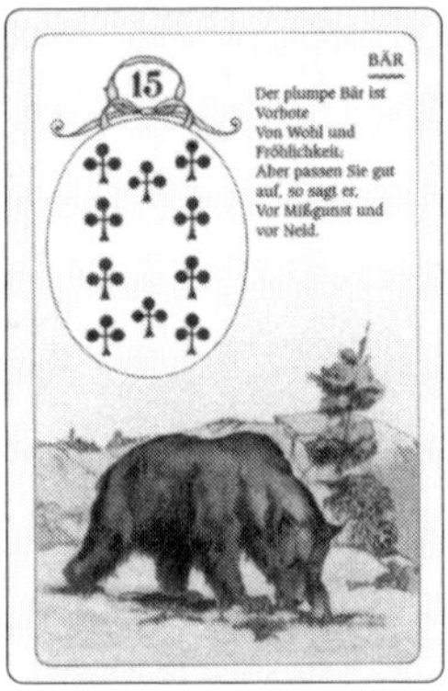

Carta Mundi, Belgien

AG Müller, Schweiz

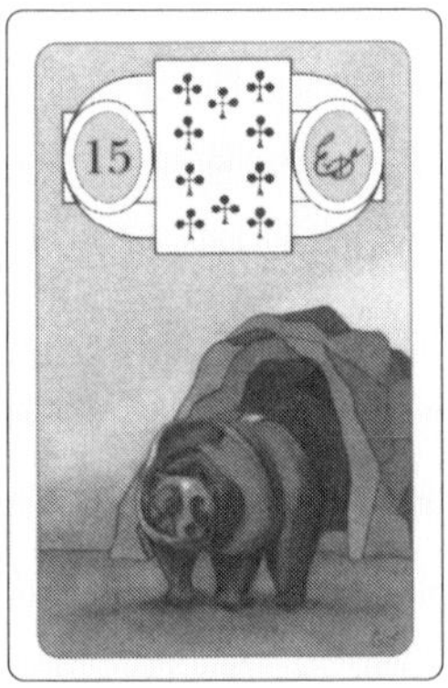

Amber-Studio, Belgien

15. Bär

Mutter, Kraft, Hilfe, Glück,

Kreuz zehn

1. Traditionelle Bedeutung

Der Bär bringt stets Glück, aber es ist sinnvoll den Umgang mit Personen zu vermeiden, die das Glück beneiden könnten.

2. Persönliche Botschaft

Ein Bär, die vergrößerte Ausgabe des Teddy-Bärs aus unseren Kinderjahren, bringt Ruhe und Gemütlichkeit.
Er sieht freundlich aus, aber aufgepaßt: Der Schein trügt.
Ist er wütend, dann ist es besser, wenn Sie ihm nicht vor die Füße oder vor die Pranken laufen.
Wir haben hier mit einer gemütlichen und kraftvollen Persönlichkeit, aber von eisenstarkem Charakter zu tun.
Symbolisch gesehen, stellt der Bär vor allem eine Mutterfigur und einen guten Freund bzw. eine gute Freundin dar, die Ihnen Hilfe und Glück schenkt.
Diese Karte verkörpert oder verbildlicht auch Jungenderinnerungen.

3. Orakel-Spruch

Der Bär vergegenwärtigt das Glück, das Sie erleben. Er spricht auch von einer überwältigenden, positiven Kraft, die Sie beschirmt und bestärkt. Sie sollen in einer glücklichen Situation zu Hause sein.
Der Bär stellt auch jemand dar, der gerne draußen lebt und Sport treibt.

4. Stellung in Kartenkombinationen

Diese Karte bringt Glück mit sich. Schauen Sie auf die Umgebungskarten; sie werden Ihnen sagen, worin dieses Glück bestehen wird. Teilen Sie dieses Glück allen mit, von denen Sie wissen, daß sie Ihnen Ihr Glück nicht mißgönnen.
Mit anderen Worten: Gehen Sie mit Ihrem Glück nicht zu sehr hausieren, dadurch schaffen Sie nur Eifersucht und Neid.

16. Stern

Carta Mundi, Belgien

AG Müller, Schweiz

Amber-Studio, Belgien

16. Stern

Geburt, Fortschritt, Popularität, Erfolg, Veranlagung, Wille,
Herz sechs

1. Traditionelle Bedeutung
Der Stern bekräftigt das Gelingen dessen, was man unternimmt. Wenn die Karte jedoch in der Nähe der Wolken liegt, prophezeit sie einen langen Zeitraum mit Mißerfolgen.

2. Persönliche Botschaft Eine mit Sternen geschmückte Nacht, glänzend im Mondlicht und widerspiegelnd im kristallklaren Wasser.
Dieser Sternenhimmel symbolisiert unsere eigenen Erwartungen und Ideale, auch unseren Wunsch, daß Ungreifbare zu greifen.
Hier haben wir es mit jemandem zu tun, der oder die, soweit möglich, die Sterne vom Himmel holt. Eine willenskräftige Persönlichkeit, die sich nicht vor harter Arbeit scheut.
Wenn einmal die Spitze erreicht ist, müssen wir aufpassen, keine "Starallüren" zu bekommen. Man ist schließlich nicht der Einzige, der es geschafft hat ...

3. Orakel-Spruch
Der Stern kündigt eine Geburt oder eine neue Unternehmung an, die viel Glück mit sich bringen wird.
In allem was Sie unternehmen, werden Sie Erfolg haben.
Sie sind auf dem Erfolgsweg.
Der Stern kann auch einen angenehmen, warmen Sommerabend darstellen, an dem Sie mit Freunden im Freien sitzen oder mit Ihrem/Ihrer Geliebten unter einem beeindurckenden Sternenhimmel an zu träumen beginnen.

4. Stellung in Kartenkombinationen
Liegt diese Karte in Nachbarschaft von Karte Nr. 6, Wolken, dann müssen Sie sich auf Enttäuschungen gefaßt machen, in allem was Sie tun, auch in Liebesangelegenheiten. Liegen die Wolken in der Vergangenheit und der Stern in der Gegenwart, dann sagen die Karten je-

doch, daß Sie Schwierigkeiten und Enttäuschungen in Ihren heutigen Unternehmungen überwinden werden. Liegen die Wolken in der Zukunft und der Stern in der Gegenwart, dann müssen Sie alles tun, um Ihre jetzigen Unternehmungen vor künftigen Gefahren zu schützen.
Liegt diese Karte wiederum in der Nachbarschaft der Karte Nr. 17, Storch, und der Karte Nr. 13, Kind, wird hier eine bevorstehende Geburt vorausgesagt!
Betrachten Sie aufmerksam die umgebenden Karten, auf die Art und Weise können Sie erfahren, welche Möglichkeiten für Sie von Erfolg gekrönt sein werden und welche möglichen Gefahren drohen.

17. Storch

Carta Mundi, Belgien

AG Müller, Schweiz

Amber-Studio, Belgien

17. Storch

Veränderung, Umzug,

Herz Dame, eine blonde, sensible Dame

1. Traditionelle Bedeutung

Liegt der Storch in der Nähe, wird man bald umziehen. Liegt er weit weg, weist das auf einen stabilen Zustand hin.

2. Persönliche Botschaft

Einige von uns sollen ja mit der Idee groß geworden sein, daß die kleinen Kinder vom Storch gebracht werden. Von alters her symbolisiert der Storch Geburt, die Ankunft eines neuen Menschenkindes.
Da der Storch lange Entfernungen zurücklegt, kündigt er auch Ortsveränderungen und Reisen an.
Sie wollen aus der heutigen Situation weg, aber passen Sie auf, daß es keine Flucht aus den Realitäten des Alltags bedeutet!

3. Orakel-Spruch

Diese Karte sagt einen Umzug oder eine Veränderung in Ihrer Wohnsituation voraus. Die Lebenssituation wird sich gründlich in ihrem äußeren Rahmen verändern, wenn diese Karte ganz in der Nähe liegt. Es kann auch sein, daß man die Wohnungseinrichtung vollständig erneuert oder daß man die gegenwärtige Wohnung nicht mehr leiden mag und einen Umzug plant.
Für die Fragerin hat der Storch auch noch eine andere Bedeutung: Ihr wird eine Geburt vorhergesagt. Vor allem, wenn die Karte Nr. 13, Kind, hier in der Nähe liegt.
Ein Neubeginn steht bevor!
Der Storch signalisiert eine Flugreise. Haben Sie möglicherweise Reisepläne in weit entfernte Gegenden?

4. Stellung in Kartenkombinationen

Liegt der Storch oberhalb der Personenkarte, dann dürfen Sie mit großen Veränderungen in Ihrem Leben rechnen.
Hiermit kann ein Umzug gemeint sein, aber auch eine neue Geburt. Diese Botschaft wird noch unterstrichen, wenn die Karte Nr. 4, Haus,

in der Nachbarschaft liegt; dann kann man nämlich mit Sicherheit davon ausgehen, daß man innerhalb kurzer Zeit umzieht und/oder eine baldige Geburt bevorsteht, wenn Karte Nr. 13, Kind, bei der Personenkarte liegt.

Wenn das Schiff, Karte Nr. 3, neben dem Storchen liegt, wird ein Umzug angekündigt, der ins Ausland geht. Das kann sich auf den Urlaub auf einer Trauminsel beziehen oder sogar auf einen dauerhaften Umzug, der das ganze Leben verändert.

Schauen Sie nach den Karten rund um den Storchen. Sie sagen Ihnen deutlich, in welche Richtung sich diese Karte auswirken wird. Falls er am Rande einer Auslage liegt, kündigt der Storch eine einschneidende Veränderung an, die von großer Bedeutung ist von Frager oder Fragerin.

18. Hund

Carta Mundi, Belgien

AG Müller, Schweiz

Amber-Studio, Belgien

18. Hund

Treue, Freundschaft, Wachsamkeit,

Herz zehn

1. Traditionelle Bedeutung

Der Hund ist ein Freund des Menschen. Diese Karte bringt eine aufrichtige und bleibende Freundschaft mit sich, wenn Sie in der Nähe der Personenkarte anzutreffen ist. Befindet sie sich weit von dieser Karte entfernt, ist das ein Zeichen von baldigem Verrat. Liegt der Hund in der Nähe der Wolken, so warnt er davor, Menschen zu vertrauen, von denen man denkt, daß Sie Freunde seien.

2. Persönliche Botschaft

Seit alten Zeiten wird der Hund für seine Treue und für seine Wachsamkeit gerühmt. Er beschirmt die, die zu ihm gehören, den Hof, in dem er wohnt, selbst wenn er sich selber dafür aufopfern muß.
Instinktiv wird er gewahr, aus welcher Ecke Gefahr lauert. Folgen Sie daher mehr Ihren eigenen Instinkten.

3. Orakel-Spruch

Diese Karte kündet davon, daß Sie von lieben Freunden umgeben sind, die Sie beschirmen und die Sie unterstützen, soviel sie können. Der Hund signalisiert auch Freundlichkeit sowie ein angenehmes Leben im Alter.
Jemand wacht für Sie und beschützt Sie vor möglichen Gefahren. Zugleich ist hier auch die Rede von treuer Freundschaft, die möglicherweise durch den Frager oder die Fragerin nicht genug gewürdigt wird. Sie erfahren Freundschaft von einem Haustier.

4. Stellung in Kartenkombinationen

Wenn diese Karte dicht bei der Personenkarte liegt und/oder diese Karte in der Zukunft, der Gegenwart oder der Vergangenheit liegt, ist die Botschaft dieser Karte dieselbe: Sie werden behütet und beschützt durch treue Freunde.

Liegt der Hund ganz weit von der Personenkarte entfernt, dann müssen Sie allerdings darauf gefaßt sein, daß Sie in nächster Zeit von jemand verraten werden, von dem Sie es nie erwartet hätten.
Diese Karte warnt Sie vor falschen Freunden, wenn Sie dicht bei den Wolken, Karte Nr. 6, liegt.
Setzen Sie kein Vertrauen in Menschen, von denen Sie nicht sicher sind, daß sie Ihr Vertrauen wert sind.

19. Turm

Carta Mundi, Belgien

AG Müller, Schweiz

Amber-Studio, Belgien

19. Turm

Lebenslauf, Bekanntheit,

Pik-As

1. Traditionelle Bedeutung

Der Turm weist auf ein langes und überglückliches Leben hin. Ist er von Wolken umringt, prophezeit er eine plötzliche Krankheit, die in bestimmten Umständen sogar den Tod verursachen kann.

2. Persönliche Botschaft

Ein hoher Turm überragt die Landschaft. Er überblickt die gesamte Umgebung. Der Turm spricht von jemand, der hochgestellte und weitreichende Ambitionen besitzt. Eine Persönlichkeit, die aus dem Alltäglichen ausbrechen will.

Mit Willenskraft und durch harte Arbeit können Sie den Gipfel erreichen, aber denken Sie daran, daß jemand, der den Gipfel erreicht hat, einsam ist und immer auf der Hut sein muß vor Schmeichlern und Schmarotzern, vor Eifersucht und Neid. Das ist nun mal die Kehrseite der Medaille. Man kann sich ganz darüber erheben, so daß Sie unerreichbar bleiben für Mißgunst und Eifersucht, aber passen Sie nur auf, daß Sie nicht den Kontakt zur Wirklichkeit verlieren und daß Sie einige gute Freunde behalten.

3. Orakel-Spruch

Der Turm sagt Ihnen etwas über Ihre Lebensumstände und darüber, auf welche Art und Weise Ihr Lebensweg sich entwickeln wird.

Diese Karte handelt von einem erfüllten und zufriedenen Lebenslauf. Sie können Ihre Ambitionen verwirklichen.

Jemand, der hart für seine Zukunft arbeitet, soll dafür belohnt werden.

Wenn der Turm erscheint, dann weissagt diese Karte, daß Sie sich zu einer berühmten Persönlichkeit entwickeln werden oder daß Sie in Kontakt kommen werden mit einer bekannten und berühmten Persönlichkeit oder daß eine bekannte Person Sie mit ihrem Besuch beehren wird. Der Turm stellt auch ein hohes Gebäude dar sowie ein Hochhaus oder Hospital.

4. Stellung in Kartenkombinationen

Sie werden ein langes Leben haben, wenn der Turm sich in der Nähe der Personenkarte befindet; ist diese jedoch von den Wolken begleitet, Karte Nr. 6, oder vom Baum, Karte Nr. 5, dann müssen Sie sehr gut aufpassen, was Ihre Gesundheit angeht. In der Nähe des Baums gelegen, deutet der Baum auf ein Krankenhaus.

Möglicherweise droht dann eine Krankheit, die auch den Tod zur Folge haben kann.

Liegt der Turm in der Linie der Zukunft, dann werden Sie sich selbst zu einer Berühmtheit entwickeln oder eine berühmte Persönlichkeit treffen (oder ihr begegnen). Achten Sie darauf, welche Karten den Turm umringen; Sie werden weiteren Aufschluß darüber geben, welche Botschaft Ihnen diese Karte vermittelt.

20. Garten

Carta Mundi, Belgien

AG Müller, Schweiz

Amber-Studio, Belgien

20. Garten

Umgebung, Kreativität, Popularität,

Pik acht

1. Traditionelle Bedeutung

Der Garten prophezeit einen frohen Einzug in eine vornehme und große Gesellschaft, in die man gerne aufgenommen wird. Wenn diese Karte in der Nähe liegt, verspricht sie eine echte und dauerhafte Freundschaft. Liegt sie weit entfernt, macht sie darauf aufmerksam, daß man von falschen Freunden umgeben ist, und rät, diesen aus dem Weg zu gehen.

2. Persönliche Botschaft

Diese Karte läßt ein sehr schön angelegten Garten erkennen, der mit viel Liebe und Sorgfalt unterhalten wird.

Der Garten spricht vom guten Geschmack, von Reichtum. Und nur wenn man vermögend ist, kann man sich einen solchen Garten leisten.

Hier ist auch die Rede von einer kreativen und ideenreichen Persönlichkeit, möglicherweise einem Lebenskünstler oder jemand mit originellen fruchtbaren und kreativen Ideen.

3. Orakel-Spruch

Für Sie beginnt eine besonders kreative Phase. Voller Inspiration können Sie Ihre Wünsche und Vorstellungen in die materielle Wirklichkeit umsetzen.

Vieles von Ihren Träumen und Erwartungen wird sich nun verwirklichen. Die Natur in all ihren Facetten und Vorstellungen wird eine wesentliche, wichtige Rolle in Ihrem Leben spielen. Durch Ihre originellen Ideen und Ihren treffenden, guten Geschmack gelangen Sie in ein kunstliebendes und vornehmes Milieu, was Ihnen helfen wird, Ihre Pläne zu verwirklichen.

Sie leben in einer sehr schönen Umgebung. Ihre Lebensumstände entwickeln sich in die positive Richtung. Diese Karte kündet auch von einer Ruhepause in einer schönen und angenehmen Situation. Sie gehen in Urlaub an einen ruhigen Ort oder einen geselligen Urlaubsplatz. Arbeiten Sie gern im Garten?

4. Stellung in Kartenkombinationen

Dicht bei der Personenkarte gelegen, deutet diese Karte eine schöne und bleibende Freundschaft an, deren Kräfte Sie genießen sollten. Wenn der Turm aber weit entfernt davon liegt, dann werden Sie vor verräterischen Freunden gewarnt.

Der Schein trügt, deshalb seien Sie vorsichtig, mit wem Sie Freundschaft schließen.

Wenn diese Karte nahe bei der Karte Nr. 31, Sonne, liegt, betrachten Sie sie als Einladung zu einem sonnenüberfluteten Badeplatz oder in einem angenehmen Urlaubsort.

21. Berg

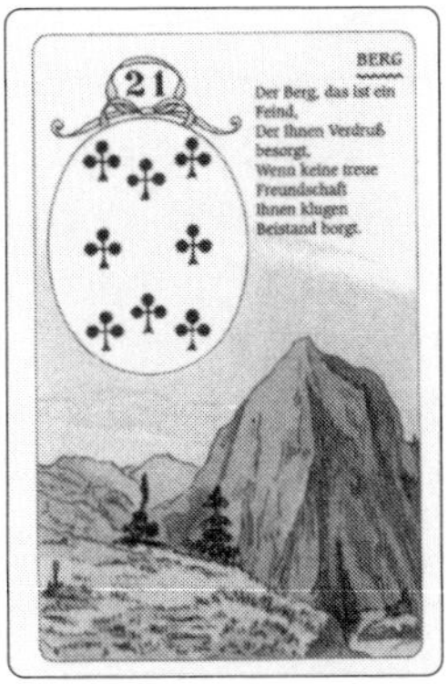

Carta Mundi, Belgien

AG Müller, Schweiz

Amber-Studio, Belgien

21. Berg

Feind, Widerstand,

Kreuz acht

1. Traditionelle Bedeutung

Der Berg in der Nähe der Personenkarte bedeutet, daß man sich vor kurzem einen gefährlichen Feind gemacht hat. Liegt diese Karte weit weg, gibt sie an, daß der Feind weniger zu befürchten ist, da er von einflußreichen und behutsamen Freunden bekämpft wird.

2. Persönliche Botschaft

Hier sehen wir eine große graue Masse, die sich vor uns auftut. Wir werden alle Kraft und alle Energie gebrauchen müssen, um darüber hinweg zu kommen. Der Berg beherrscht die Landschaft. Psychologisch gesehen, bedeutet das, daß wir mit einem riesengroßen Problem konfrontiert sind, für das wir zunächst keine Lösung erkennen.
Diese Karte drückt auch Einsamkeit und Mutlosigkeit aus.

3. Orakel-Spruch

Der Berg warnt Sie vor einem Feind. Jemand arbeitet beharrlich gegen Sie. Versuchen Sie herauszufinden, worin das Problem genau besteht und arbeiten Sie an einer effektiven Lösung.
Jetzt heißt es behutsam sein, bei allem, was Sie unternehmen.
Geben Sie die Mühe nicht auf, damit sich der oder die Gegner nicht noch mehr freuen.
Wenn Sie Ihre positive Einstellung behalten und weiter hart arbeiten, wird das Problem auf die Dauer von selbst verschwinden.
Stellen Sie sich sich selbst als Bergsteiger vor, der sich alle Mühe gibt, um nach oben auf dem Gipfel zu gelangen und dann mit Wohlgefühl und Stolz nach unten zu blicken.
Durch Charakterstärke und Ausdauer wird es Ihnen nun gelingen, über sich selbst hinauszuwachsen.
Es geht nicht darum, daß Sie die anderen von Ihrem guten Willen überzeugen müssen. Sie müssen das Problem anpacken und lösen. Natürlich können Sie nicht durch den Berg, aber möglicherweise gibt es da, um Ihr Ziel zu erreichen, noch einen anderen Weg, den Sie bis-

her noch nicht kennen. Umgeben Sie sich mit treuen Freunden, die Ihnen helfen und die Ihnen die Bekanntschaft mit einflußreichen Leuten vermitteln können, die Sie auch weiterhin beschützen. Der Berg kann natürlich auch bedeuten, daß Sie sich im Gebirge befinden. Wollen Sie möglicherweise in den Wintersport?

4. Stellung in Kartenkombinationen

Dicht bei der Personenkarte gelegen, bedeutet diese Karte, daß Sie es mit einem gefährlichen Gegner zu tun bekommen oder mit einem wirklich großen Hindernis auf Ihrem Lebensweg. Betrachten Sie die Karten rund um den Berg: Sie erzählen Ihnen mehr darüber, wie das Problem sich äußert und welche Möglichkeiten Sie haben um die Schwierigkeiten zu überwinden.

22. Weg

Carta Mundi, Belgien

AG Müller, Schweiz

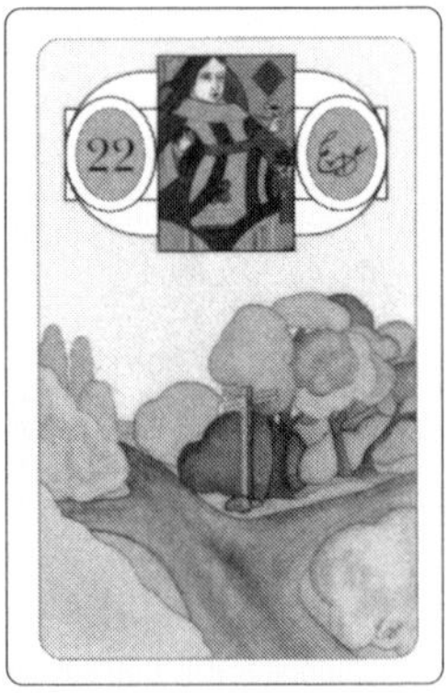

Amber-Studio, Belgien

22. Weg

Kreuzungspunkt im Leben, Wahl,

Karo Dame, eine blonde, hart arbeitende Dame

1. Traditionelle Bedeutung

Der Weg bedeutet Glück, wenn diese Karte in der Nähe der Wolken liegt. Bleibt sie weit weg davon entfernt und ist auch die Personenkarte nicht in der Nähe, wird man ein wirksames Mittel finden, um einer sich nähernden Gefahr zu entgehen.

2. Persönliche Botschaft

Wir stehen an einer Kreuzung: Welchen Weg sollen wir nehmen, oder mit anderen Worten gesprochen: Welchen Weg müssen wir wählen? Hier geht es um jemand, der in seinem Leben vor eine Wahl gestellt wird. Eine Wahl bringt Zweifel und Unsicherheiten mit sich. Darum ist es ratsam, zunächst sachkundigen Rat einzuholen, bevor Sie einen Beschluß fassen.

3. Orakel-Spruch

Sie stehen in Ihrem Leben an einer Weggabelung. Wägen Sie jeden Entschluß sorgfältig ab, der für den weiteren Lebensverlauf von Bedeutung ist. Wählen Sie Ihren Weg, Ihren Kurs.
Der Weg bedeutet auch eine abgesteckte Reiseroute oder einen kurzen Ausflug.

4. Stellung in Kartenkombinationen

Dicht bei der Personenkarte gelegen, stehen Sie vor einer nicht einfachen Wahl. Wenn die Wolken, Karte Nr. 6, neben dem Weg liegt, dann haben Sie nicht viel zu befürchten und Sie haben die Situation leicht im Griff.
Liegen die Wolken jedoch in der Linie der Zukunft, dann werden Sie in einer bestimmten Zeit mit einer Wahl zu tun bekommen, mit der Sie eine wichtige Entscheidung zu treffen haben. Achten Sie darauf um die Karten, die diesen Weg umgeben: Sie erzählen Ihnen mehr, welche Situation genau auf Sie zukommt.

23. Mäuse

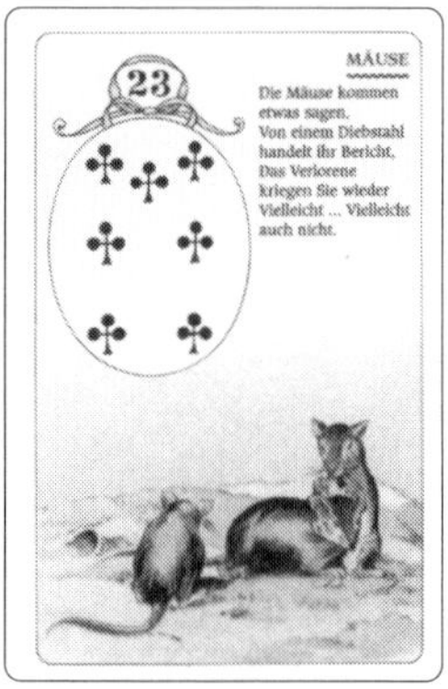

Carta Mundi, Belgien

AG Müller, Schweiz

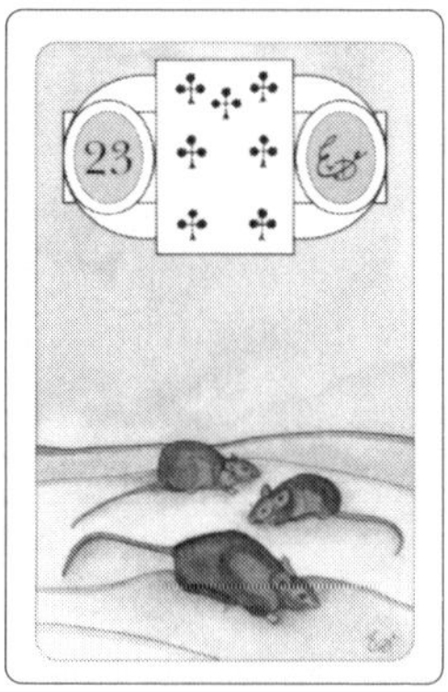

Amber-Studio, Belgien

23. Mäuse

Verlust, Diebstahl,

Kreuz sieben

1. Traditionelle Bedeutung

Die Mäuse weisen darauf hin, daß ein Diebstahl unternommen wurde. Man muß nachsehen, was fehlt. Wenn die Karte in der Nähe der Personenkarte liegt, werden die gestohlenen Gegenstände zurückgegeben. Aber wenn diese Karte von der Personenkarte entfernt liegt, kann man am besten alle Hoffnung aufgeben, daß Verlorene jemals wiederzubekommen.

2. Persönliche Botschaft

Die Mäuse symbolisieren seit alten Zeiten kleine Diebereien in der Nacht. Langsam, aber sicher unterminieren Sie Hab und Gut. Verdruß oder ein nie endendes Problem nagt an Ihnen und untergräbt Ihre Lebensfreude und Ihre Lebensenergie.

Achten Sie auf Ihre Gesundheit und kümmern Sie sich um eine wohltuende Entspannung.

3. Orakel-Spruch

Etwas nagt an Ihnen: Dabei mag es sich um eine chronische Krankheit handeln, die Sie viel Geld kostet, oder Sie sind geschwächt durch die vielen Probleme, die sich in Ihr Leben eingeschlichen haben und die Sie bisher noch nicht geklärt haben.

Es kann auch sein, daß Sie heimlich in jemanden verliebt sind aber daß Sie Ihre Wünsche und Ihr Verlangen aus irgendeinem Grund nicht wahr machen können.

Schließlich geht es hier auch um Diebstahl: In der buchstäblichen Bedeutung des Wortes. Jemand versucht Sie zu bestehlen. Diebstahl kann auf verschiedene Art und Weise sich ereignen: Sei es das etwas weggenommen wird, daß Ihnen gehört oder daß einige kleine unauffällige Dinge verschwinden in Ihrem Haus. Schützen Sie sich vor Schmarotzern und geben Sie Menschen, die für Sie arbeiten, nicht zu viel Freiheit. Üben Sie Kontrolle aus.

4. Stellung in Kartenkombinationen
Liegt diese Karte neben der Personenkarte, dann dürfen Sie darauf zählen, daß das Gestohlene zurückzubekommen. Der Diebstahl wird entdeckt werden und Sie kriegen Ihr Eigentum zurück, vielleicht mit Hilfe der Polizei?
Liegen die Mäuse nicht neben der Personenkarte und in der Linie der Vergangenheit, dann wird das Gestohlene nicht mehr zurück gelangen. In der Linie der Zukunft werden wir hier vor "stillen" Abstaubern gewarnt und vor Menschen die uns etwas abspänstig machen wollen.

24. Herz

Carta Mundi, Belgien

AG Müller, Schweiz

Amber-Studio, Belgien

24. Herz

Liebhaber, Liebe, Glück,

Herz Bube, ein blonder, gefühlvoller junger Mann oder eine ebensolche junge Frau

1. Traditionelle Bedeutung

Das Herz ist eine Quelle von Lebensglück, Lebensfreude und Harmonie in all ihren Taten.

2. Persönliche Botschaft

Das Herz spricht von Liebe und Freundschaft. Sie setzen sich von ganzen Herzen für bestimmte Unternehmungen ein. Nichts kann Ihnen den Humor verderben, so daß Sie eine große innerliche Kraft besitzen, die auf Ihrer Lebensfreude beruht. Durch Ihre Ausstrahlung und Ihren Lebensmut ziehen Sie gleichgesinnte Personen an, die Ihnen in jeder Hinsicht helfen werden.

3. Orakel-Spruch

Sie begegnen jemandem auf Ihrem Lebensweg, der Sie mit Liebe und Herzlichkeit verwöhnen wird. Seien Sie offen für diese Person, die ganz danach trachten wird, Sie glücklich zu machen.
Diese Karte kündigt an, daß eine neue Liebe in Ihr Leben kommt und Sie gründlich verwandeln wird.

4. Stellung in Kartenkombinationen

Diese Karte, die für sich selbst spricht, kündet von Glück und Liebe in Ihrem Leben. Liegt diese Karte in der Reihe der Vergangenheit und neben der Personenkarte, dann weist das Herz auf eine stille Verehrung, von jemand, der oder die Sie ganz ins Herz geschlossen hat. Kümmern Sie sich etwas mehr um die Menschen, die Ihnen begegnen, und weisen Sie deren Liebe und Zuneigung nicht ab!
Liegt diese Karte oberhalb der Personenkarte in der Reihe der Gegenwart, dann werden Sie mit liebevollen Aufmerksamkeiten überhäuft werden. Jemand ist "verrückt" nach Ihnen.
Wenn sie in der Zukunft liegt, kündigt diese Karte an, daß Liebe in Ihr Leben tritt und daß Sie sehr glücklich werden. Natürlich müssen Sie

darauf achten, welche Karten in der Nähe des Herzens liegen. Liegt diese Karte z.B. neben der Karte Nr. 13, Kind, dann wird ein Kind viel Freude in Ihr Leben bringen.

Das Herz zeigt nicht nur Liebe von einer Person an, sondern auch, aus welcher Richtung Sie mit Liebe zu rechnen haben.

Wenn die Karte Nr. 21, Berg, zwischen der Personenkarte und dem Herzen liegt, dann müssen Sie mit bestimmten Widerständen in Ihrem Leben rechnen, die Sie überwinden müssen, bevor Sie sich mit dem Mann oder der Frau Ihres Herzen vereinigen können.

25. Ring

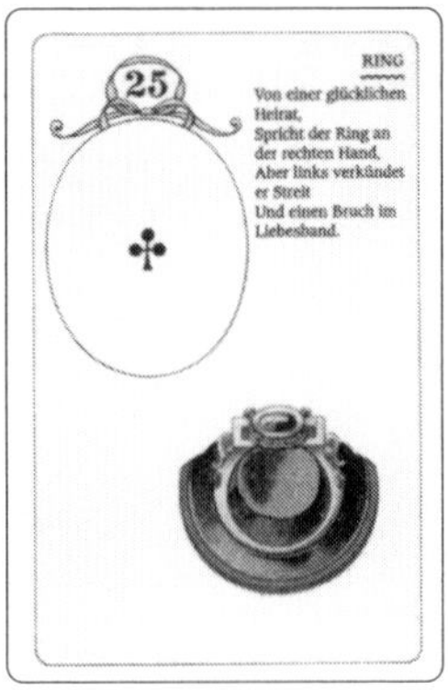

Carta Mundi, Belgien

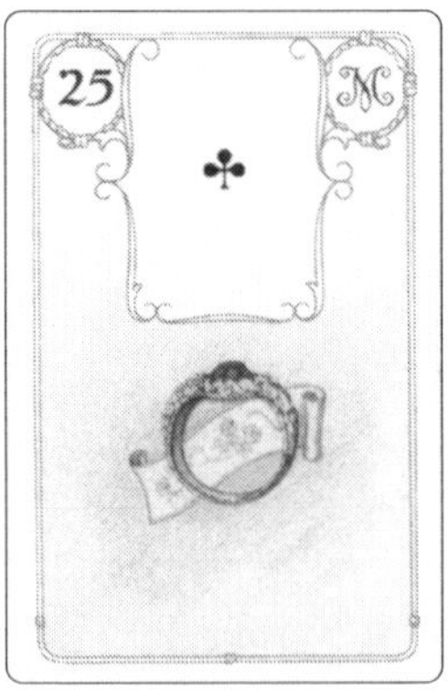

AG Müller, Schweiz

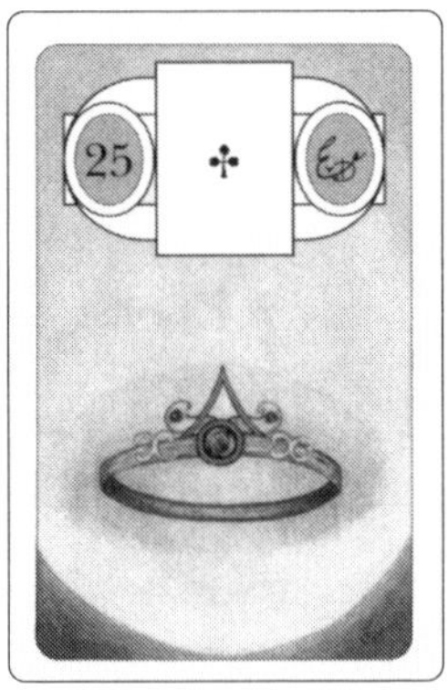

Amber-Studio, Belgien

25. Ring

Hochzeit, Vereinigung,

Kreuz As

1. Traditionelle Bedeutung

Der Ring an der rechten Seite eines jungen Mannes oder einer jungen Frau prophezeit eine glückliche und reiche Ehe. Liegt diese Karte an der linken Seite der Personenkarte, ist jedoch ein Bruch der Verlobung oder eine Scheidung zu befürchten.

2. Persönliche Botschaft

Dieser Ring wird Ihnen als Zeichen der Treue und der lebenslangen Freundschaft angeboten.
Sie sind durchs Schicksal an jemand anderen festgeschmiedet.

3. Orakel-Spruch

Der Ring verrät, daß Sie eine innige Verbundenheit mit Ihrem Partner haben.
Diese Karte symbolisiert auch die Heirat, um die Sie angegangen werden. Eine langandauernde Beziehung wird durch eine Ehe mit lebenslanger Liebestreue belohnt werden.
Der Ring deutet auch einen Meilenstein in Ihrem Leben an. Sie verbinden Ihr Schicksal mit daß eines anderen, wodurch Ihr Lebenslauf geprägt wird.
Diese Karte signalisiert schließlich auch einen Vertrag oder eine Abmachung, die Sie mit jemand vereinbaren.

4. Stellung in Kartenkombinationen

Der Ring steht immer für Ihre Ehe. Liegt der Ring neben, über oder unter der Personenkarte, dann sagt diese Karte, daß Ihre Ehe in Ihrem Leben eine große Rolle spielt. Abhängig von den anderen Karten, sagt dies Karte aus, ob die Ehe einen positiven oder negativen Einfluß auf Ihr Leben haben wird.
Liegt diese Karte in der selben Reihe der Gegenwart, Vergangenheit und Zukunft wie das Herz, der Karte Nr. 24, dann können Sie sich auf eine glückliche Ehe freuen. Kommen auch die Karten Nr. 8, Sarg

und/oder die Karte Nr. 10, Sense, in derselben Kombination vor wie der Ring, dann heißt es aufpassen.
Der Sarg kündigt den "Tod", das Ende einer Ehe an und die Sense trennt Sie von Ihrem Liebespartner.
Je nachdem, welche anderen Karten noch in der Auslage noch vorhanden sind, wird Unglück oder Gefahr vorhergesagt.
Wenn der Ring in derselben Reihe liegt wie die Personenkarte und die Karte von Ihrem Partner, dann handelt diese Karte von der ehelichen Treue. Liegt der Ring rechts in der Linie der Zukunft, dann sagt er eine glückliche Ehe voraus. Links von der Personenkarte in der Reihe der Vergangenheit, ist eine Scheidung zu erwarten. Betrachten Sie wie immer aufmerksam die umgebenden Karten, um mehr herauszufinden über die kommende Entwicklung. Möglicherweise können Sie in der Gegenwart bestimmte Sachen dafür tun, so daß Sie auf diese Art und Weise ein bischen korrigieren können.
Liegt der Ring in der Nähe des Buches, Karte Nr. 26, stellt er eine geschriebene Übereinkunft dar, festgelegt durch einen Rechtsanwalt oder Notar. Liegt der Ring neben der Karte Nr. 27, der Brief, dann können Sie eine schriftliche Übereinkunft oder einen Vertrag erwarten.

26. Buch

Carta Mundi, Belgien

AG Müller, Schweiz

Amber-Studio, Belgien

26. Buch

Studium, Geheimnis,

Karo zehn

1. Traditionelle Bedeutung

Das Buch weist auf den Besitz eines Geheimnisses hin. Abhängig von seinem Platz in der Auslage ist das Geheimnis entweder leicht oder schwierig zu bewahren. Die Karte, welche die Karte Das Buch umgeben, zeigen an, in welcher Richtung man nach dem Geheimnis suchen muß, wenn man das Bedürfnis fühlt, es zu ergründen.

2. Persönliche Botschaft

Das Buch spricht von einer verschlossenen Persönlichkeit, die nur mühsam zu durchschauen ist. Eine intelligente Persönlichkeit, die mehr über das Leben weiß, als sie zugeben will. Das Buch gleicht einer Fassade, hinter der alle Motive, Erwartungen, die tiefsten Geheimnisse, Gedanken und Interessen verborgen sind.

3. Orakel-Spruch

Sie begegnen einem "Studierkopf", jemandem, der viel weiß, aber Sie nicht an seinen Gedanken oder an seinen Gefühlen teilnehmen läßt. Daher handelt diese Karte auch davon, daß es ein Geheimnis gibt, das vor Ihnen verborgen wird. Das Geheimnis muß nicht negativ sein. Möglicherweise verbirgt auch jemand bestimmte Gefühle, bei denen es aus bestimmten Gründen tatsächlich besser ist, daß sie verborgen gehalten werden.

Außerdem handelt diese Karte davon, daß es jetzt etwas zu studieren gilt.

Sie starten ein neues Studium oder eine neue Untersuchung. Je nachdem, von welchen Karten das Buch umgeben ist, bedeutet es auch finanzielle Abmachungen, ein Testament oder einen Ehevertrag.

Auf jeden Fall müssen Sie sehr aufmerksam sein und herauszufinden suchen, was in Ihrer Umgebung vor sich geht.

4. Stellung in Kartenkombinationen

Hier heißt es zuerst und vor allem nach den Nachbarkarten zu schauen, die Ihnen deutliche weitere Auskünfte über die Botschaft dieser Karte geben.

Über oder unter der Personenkarte gelegen, weist das Buch darauf hin, daß es in Ihrer direkten Umgebung Geheimnisse gibt und daß Sie sich darum mehr kümmern müssen.

In der Nachbarschaft von Karte Nr. 13, Kreuz, und Karte Nr. 17, Storch, weist das Buch auf ein Kind hin, das darauf wartet, geboren zu werden!

27. Brief

Carta Mundi, Belgien

AG Müller, Schweiz

Amber-Studio, Belgien

27. Brief

Nachrichten, Dokumente,

Pik sieben

1. Traditionelle Bedeutung

Der Brief ist ein günstiges Zeichen, wenn die Personenkarte weit von den Wolken entfernt ist. In diesem Falle kündigt er ein bevorstehendes Glück an, welches die Folge von guten Nachrichten ist. Wenn die Personenkarte jedoch in der Nähe der Wolken liegt, müssen Sie sich wappnen, um den angekündigten Rückschlag mutig zu bekämpfen.

2. Persönliche Botschaft

Der Brief enthält einen bestimmten Bescheid.
Diese Karte spricht auch von jemandem, der oder die im Kommunikationsbereich arbeitet.
Eine neugierige Persönlichkeit oder jemand der mit Neuigkeiten und Nachrichten arbeitet: Eine Sekretärin, ein Journalist, ein Reporter oder jemand aus einer Telefonzentrale.

3. Orakel-Spruch

Diese Karte weist darauf hin, daß Sie einen Brief mit wichtigen Neuigkeiten bekommen. Das können Dokumente sein, die unterzeichnet werden müssen, ein Liebesbrief oder Geschäftspapiere. Das hängt davon ab, welche Karten den Brief umgeben.
Diese Karte sagt aber noch mehr: Es gibt Informationen, denen Sie jetzt auf die Spur kommen oder Kontrakte, Verträge, die jetzt zu schließen sind. So, wie der Reiter, Karte Nr. 1, Neuigkeiten von Ferne bringt, meistens im Sinne von Telefongesprächen oder mündlich überbrachten Neuigkeiten, so deutet der Brief, wie der Name schon sagt, Neuigkeiten an, die durch die Post kommen.

4. Stellung in Kartenkombinationen

Wenn der Brief neben dem Reiter, Karte Nr. 1, oder dem Schiff, Karte Nr. 3, erscheint, dann können Sie mit überraschenden Neuigkeiten von weit her rechnen, z.B. von überseeischen Geschäftsangelegenheiten.

Falls die Karte Nr. 24, Herz, neben dem Brief liegt, dann handelt diese Karte von Ihrem Liebespartner oder Verwandten, die Ihnen sehr zugeneigt sind und näheren Kontakt suchen. Wenn nun auch der Reiter in der Auslage liegt, wird diese Liebesperson von weit herkommen und z.B. aus dem Ausland stammen.
Zusammen mit der Karte Nr. 22, Weg, weist der Brief darauf hin, daß Sie sich auf einen Weg machen werden, nach dem Sie per Brief dazu eingeladen worden sind. Das gilt um so mehr, wenn diese Karte sich in der Zukunft befindet.
Wenn sie neben der Personenkarte liegt, kündigt diese Karte Neuigkeiten an, die die eigene Person betreffen.
Oberhalb der Personenkarte kündigen sich unerwartete Neuigkeiten an. Liegt der Brief unter der Personenkarte, dann bedeutet das, daß Sie selber Briefe oder Nachrichten versenden werden, die von Bedeutung für Sie sind.
Neben der Karte Nr. 26, Buch, weist der Brief darauf hin, daß Sie etwas erfahren, das man vor Ihnen verborgen halten wollte. In diesem Fall kann es auch sein, daß ein Abkommen geschlossen wird, das vor der Außenwelt geheim gehalten werden muß.
Erscheint diese Karte in der Nähe der Wolken, Karte Nr. 6, dann erwartet Sie eine trügerische Nachricht.

28. Herr

Carta Mundi, Belgien

AG Müller, Schweiz

Amber-Studio, Belgien

28. Herr

Fragesteller, Partner, Freund,

Herz As

1. Traditionelle Bedeutung

Der Herr ist die Personenkarte für einen Herrn oder einen jungen Mann.

Diese Karte erzählt über das Leben des Mannes, dessen Zukunft man näher erschließen will. Es ist die zentrale Karte im Spiel, von hier aus beginnt man, die umliegenden Karten zu deuten.

2. Persönliche Botschaft

Für den Frager oder Ratsuchenden bedeutet diese Karte die eigene Person. Man muß darauf achten, welche Karten hier im weiteren auftauchen.

Stellt der Ratsuchende eine Frage, die sich auf einen anderen Herrn bezieht, dann kann diese Karte auch dafür stehen, aber dann muß man vorab eine eigene Personenkarte bestimmen. Das kann man dadurch machen, daß man einen Ring oder eine andere sehr persönliche Sache auf die Rückseite von einer der ausgelegten Karten legt, um danach die betreffende Karte umzudrehen. Für eine Fragerin oder Ratsuchende, bedeutet diese Karte Ihren Ehegatten, Geliebten, oder eine wichtigen Freund in Ihrem Leben.

3. Orakel-Spruch

Diese Karte bezeichnet die eigene Person oder einen Freund für den Ratsuchenden. Wenn es um einen anderen Mann geht, dann kündigt der Herr eine gute Freundschaft und Glück in geschäftlichen Dingen an. Auch kann er ein schönes Angebot oder eine Veränderung der Beschäftigungssituation signalisieren.

Für die Fragerin oder Ratsuchende bedeutet diese Karte, daß ein Mann in ihrem Leben eine sehr wichtige Rolle spielt.

4. Stellung in Kartenkombinationen

Je nachdem, welche Karte um sie herumliegen, kündigt diese Karte Freude oder Verdruß an. Man muß darauf achten, wo der Herr sich

in der Auslage befindet. Liegt er am Rand der Auslage, dann kündigt sich darin eine Veränderung der kompletten Lebenssituation für den Frager oder den Mann an, über den man mehr Auskunft erwünscht. Liegen der Herr und die Dame, Karte Nr. 29, auf derselben Reihe, so wird ein tiefer Kontakt zwischen diesen beiden bestehen, meistens handelt es sich dabei um Liebespartner.
Liegt diese Karte in der Zukunft einer Auslage für eine Fragerin, weist sie darauf hin, daß sie einem Mann begegnen wird, der eine große Rolle in ihrem Leben spielen wird.

29. Dame

Carta Mundi, Belgien

AG Müller, Schweiz

Amber-Studio, Belgien

29. Dame

Fragestellerin, Partnerin, Freundin,

Pik As

1. Traditionelle Bedeutung

Die Dame vergegenwärtigt die Fragerin oder die Person, deren Leben in der Zukunft man0 kennenlernen will.
Von hier aus beginnt man die Karten zu deuten, und man muß darauf achten, welche Karten in derselben Auslage erscheine.

2. Persönliche Botschaft

Für die Fragerin oder Ratsuchende, bedeutet diese Karte die eigene Person. Schauen Sie nach den Umgebungskarten!
Wollen Sie, als Fragerin, mehr wissen, über eine andere Dame, dann legen Sie einen Ring oder eine andere persönliche Sache auf die Rückseite von einer der Karten. Danach drehen Sie die Karte um und die Karte, auf der der Ring liegt, zeigt dann Ihre Persönlichkeit. Für einen Frager oder Ratsuchenden, bedeutet diese Karte seine Geliebte, seine Gemahlin oder eine sehr gute Freundin, die eine wichtige Rolle in seinem Leben spielt.

3. Orakel-Spruch

Diese Karte bedeutet Sie selbst oder eine gute Freundin, je nachdem, wofür man sich bei der Wahl der Personenkarte entschieden hat. Im letzteren Fall - wenn die Karte Ihre Freundin symbolisiert -, werden Sie viel Kraft und Hilfe von dieser Dame, die Ihnen besonders gut gesinnt ist, erhalten.
Für einen Frager oder Ratsuchenden kündigt diese Karte einen Mann, der eine wichtige Rolle für Sie spielen wird.

4. Stellung in Kartenkombinationen

Freude oder Verdruß sind bei dieser Karte abhängig von den weiteren Karten, die Sie umgeben. Am Rand von einer Auslage gelegen, kündigt diese Karte eine vollkommene Veränderung der Lebensumstände an, die eine vollständige Umwandlung in Ihrem Leben bewirken wird. Liegt die Karte äußerst rechts in der Auslage, dann ist es besser

die Frage neu zu stellen und die Karten neu auszulegen, damit Sie nicht nur die Vergangenheit der Dame kennenlernen, sondern auch erfahren, was sie noch in ihrem Leben zu erwarten hat.
Falls diese Karte in derselben Reihe liegt wie die Karte Nr. 28, Herr, wird eine Beziehung oder eine Ehe vorausgesagt, mit einem großen Einfluß auf Ihr Leben.

30. Lilien

Carta Mundi, Belgien

AG Müller, Schweiz

Amber-Studio, Belgien

30. Lilien

Vater, Glück, Unterstützung,Schutz, Förderung,
Pik König, ein dunkler, intelligenter älterer Herr

1. Traditionelle Bedeutung

Die Lilien sind ein Zeichen für vollkommenes Lebensglück.
Man wird von häuslichen Verdruß verschont bleiben, es sei denn, daß diese Blumen in der Nähe der Wolken liegen.
Liegen Sie oberhalb der Personenkarte, zeugen sie von einem rechtschaffenen Charakter.
Befinden sie sich jedoch unterhalb der Personenkarte, werden Aufrichtigkeit und ehrlicher Lebenswandel in Zweifel gezogen.

2. Persönliche Botschaft

Pik König schaut stolz und ernst. Hier geht es um eine Persönlichkeit, die ein sicheres Urteil über die Menschen um sie herum besitzt. Er wird Sie inniglich, von ganzem Herzen liebhaben, aber Sie fallenlassen, falls Sie ihn verraten. Dann kann er sich in einen ungerührten Feind verwandeln.

3. Orakel-Spruch

Für einen Frager sagt diese Karte voraus, daß er einem älteren Man begegnen wird, der ihm Freundschaft und Unterstützung bietet.
Bei einer Fragerin kündigt die Karte an, daß sie einen ernsten und zugewandten Mann treffen wird, der ihr Liebe und Schutz anbietet - ein älterer Mann oder jemand, der eine "ältere Seele" hat und auf reiche Lebenserfahrung zurückblickt.
Die Lilie weissagt Eheglück für eine Dame und Berufsglück für einen Herrn.
Stets weist sie auf Unterstützung im Kollegenkreis und auf aufrechte Freundschaft in Beziehungen hin.
Außerdem stellt diese Karte einen Arzt, Rechtsanwalt, Polizist oder Richter dar, die sich mit Ihren Angelegenheiten beschäftigen.

4. Stellung in Kartenkombinationen

Über der Personenkarte gelegen, zeigen die Lilien Unterstützung von einem ernsten Herrn an, der es gut mit Ihnen meint.
Liegt diese Karte unter der Personenkarte, werden Sie es mit Unannehmlichkeiten zu tun bekommen.
Auf einer Position für die zukunft zeigen die Lilien eine Beförderung oder den Kontakt mit einem einflußreichen Herrn.
Liegen jedoch die Wolken, Karte Nr. 6, in der Nachbarschaft der Lilien, ist viel Ärger und Verdruß im Ehelben zu erwarten.

31. Sonne

Carta Mundi, Belgien

AG Müller, Schweiz

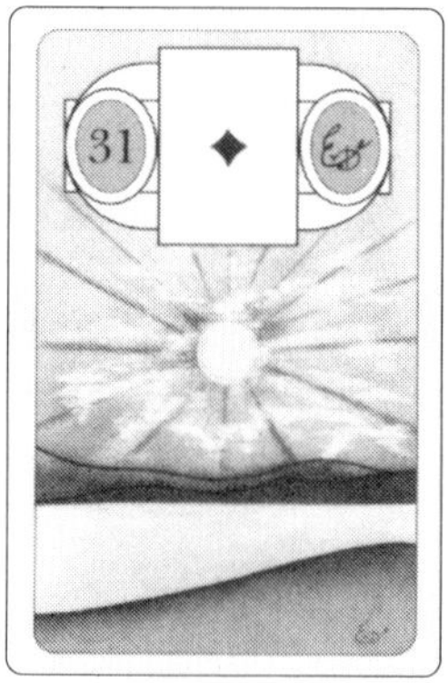

Amber-Studio, Belgien

31. Sonne

Vermögen, Optimismus, Intuition,

Karo As

1. Traditionelle Bedeutung

Die Sonne, wenn sie in der Nähe liegt, wärmt mit ihren Strahlen Ihre Entschlossenheit. Sie gibt Hoffnung auf Vermögen und Glück. Liegt diese Karte weit entfernt, dann zeigt sie an, daß der Mut nachläßt und prophezeit manche Rückschläge bei dem, was man unternimmt. Lassen Sie aber den Mut nicht sinken!

2. Persönliche Botschaft

Die Sonne scheint fröhlich auf Sie nieder und kündet von Glück, gutem Gelingen und Dankbarkeit.

Durch Ihre entschlossene und optimistische Lebenseinstellung gelangen Sie in die Glücksphase Ihres Lebens.

Jemand mit einem klaren und zufriedenen Charakter.

Sie werden innerlich "erleuchtet" und finden zu einer tieferen Einsicht. Sie wissen, was Sie zu tun haben, und erreichen tapfer Ihr Ziel.

Die Sprache ist hier von einer strahlenden und "glamurösen" Persönlichkeit, die in naher Zukunft große Augen machen wird.

3. Orakel-Spruch

Eine Vaterfigur hilft und bestärkt Sie in all Ihren Unternehmungen.

Finanzielle Vorteile und Handelsglück.

Sie erreichen eine Glücksperiode, in der all Ihre Wünsche Wirklichkeit werden.

Alles, was Sie unternehmen, wird gelingen. Eine strahlende Zukunft liegt vor Ihnen!

Die Sonne lädt Sie auch zu einem Sonnenbad an einem netten Urlaubsort ein.

4. Stellung in Kartenkombinationen

In der Nähe liegend weissagt diese Karte eine glückliche Zukunft.

Schauen Sie nach den Karten, die die Sonne umgeben: Sie zeigen an, woher Sie Ihr Glück erwarten dürfen.

Wenn sie nahe beim Mond, Karte Nr. 32, liegt, kündigt die Sonne ein glückliches Gelingen im Beruf, zum Beispiel in Handelsangelegenheiten, an. Künstler, die diese Karte in dieser Kombination erhalten, werden berühmt werden und auf gesellschaftlicher Stufenleiter nach oben steigen.
Liegt die Sonne aber entfernt, so werden Sie Widerstände erfahren. Aber nicht aufgeben!
Frau Fortuna ist unberechenbar und, wenn Sie sie am wenigsten erwarten, steht sie vor Ihrer Tür!

32. Mond

Carta Mundi, Belgien

AG Müller, Schweiz

Amber-Studio, Belgien

32. Mond

Fortschritt in der Gesellschaft, Erfolg, Inspiration,

Herz acht

1. Traditionelle Bedeutung

Der Mond sagt der Person, in deren Nähe er liegt, Erfolg im Beruf voraus. Scheint der Mond dagegen von weitem, ist nichts anderes als Verdruß und Mißerfolg zu erwarten.

2. Persönliche Botschaft

Das Unterbewußtsein rührt sich und macht sich in Träumen, Vorahnungen und

Hellsichtigkeit bemerkbar.

Emotionale Kraft und mystisches Bewußtsein.

Inspirationen und fruchtbare Ideen äußern sich in allem, was Kunst und Schönheit betrifft.

Für ältere Personen symbolisiert der Mond einen angenehmen Lebensabend.

3. Orakel-Spruch

Der Mond sagt einen erfolgreichen Verlauf und Vorwärtskommen für Ihre Unternehmungen voraus.

Sie werden Anerkennung finden für etwas Besonderes, für das Sie sich mit Herz und Seele eingesetzt haben.

Sie absolvieren ein erfolgreiches Examen und promovieren.

In Ihrer Umgebung finden Sie eine Mutterfigur, die Sie beschirmt und unterstützt.

Der Mond deutet auf einen enormen Sprung nach oben, den Sie auf der gesellschaftlichen Stufenleiter tun werden, auf Berühmtheit und Macht.

Jemand, der an die "Spitze" stehen wird.

Abends stehen Sie im Scheinwerferlicht.

Sind Sie vielleicht Schauspielerin oder Schauspieler?

4. Stellung in Kartenkombinationen

Nahe bei, über oder unter der Personenkarte zeigt diese Karte eine Person mit einem großen Talent, mit dem er oder sie ins Scheinwerferlicht treten wird.

In der Linie von Zukunft oder Gegenwart gelegen, bedeutet diese Karte Erfolg. Achten Sie auf die Umgebungskarten. Sie dürfen glänzende Ergebnisse erwarten.

Kommt der Mond aber in keiner der Linien vor, die zum Mond hin laufen, dürfte sich der Frager oder die Fragerin in einer trostlosen, traurigen Situation befinden, in der es um Pfennige geht und Undankbarkeit Trumpf ist.

Liegt diese Karte in der Vergangenheit, dann sind Sie einer berühmten Person begegnet.

Schauen Sie sich die Karten an, die den Mond umringen. Sie werden weiteren Aufschluß geben.

33. Schlüssel

Carta Mundi, Belgien

AG Müller, Schweiz

Amber-Studio, Belgien

33. Schlüssel

Neubeginn, Erfolg, Lösung, Entdeckung,
Karo acht

1. Traditionelle Bedeutung
Der Schlüssel bringt den Herren Glück bei dem, was sie unternehmen. Liegt diese Karte in der Nähe der Personenkarte einer Dame, dann werden alle Ihre Wünsche erfüllt. Liegt der Schlüssel aber weit entfernt, wird Unheil und Untergang, Ungeduld und Neid vorausgesagt.

2. Persönliche Botschaft
Dieser Schlüssel öffnet die Türe Ihres Selbst!
Hier haben wir es mit einer Art Sherlock Holmes zu tun, der alles zu entschlüsseln sucht. Sie werden einen Schatz entdecken oder ein Geheimnis enthüllen.

3. Orakel-Spruch
Der Schlüssel spricht von der Lösung, die Sie für eine delikate Situation finden sollen. Ihre tiefsten Wünschen werden erfüllt. Eine vertrauliche Aufgabe wird mit Erfolg gelöst. Sie werden etwas Neues beginnen und mit soviel Begeisterung ans Werk gehen, das Sie alle erstaunen.
Gute und erfolgreiche Geschäfte!

4. Stellung in Kartenkombinationen
Für einen Frager ist hiermit großer Erfolg in seinen Bemühungen angezeigt.
Für eine Fragerin wird der Schlüssel einen Herzenswunsch erfüllen.
Liegt die Karte entfernt, so wird ein Herr Widerstände zu spüren bekommen, eine Dame Probleme mit Neid und Eifersucht.
Schauen Sie nach den Karten ringsum: Sie zeigen die Türen, die der Schlüssel öffnen kann.
Falls er nahe beim Haus, der Karte Nr. 4, liegt, kündigt der Schlüssel den Umzug in eine neue Wohnung an.
Müssen Sie vielleicht die Katze oder die Blumen der Nachbarn versorgen?

34. Fische

Carta Mundi, Belgien

AG Müller, Schweiz

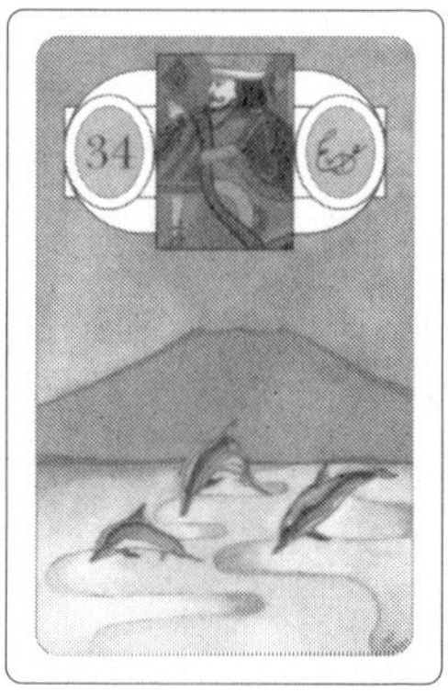

Amber-Studio, Belgien

34. Fische

Reichtum, Gewinne, Vermehrung,
Karo König, ein blonder, älterer Herr

1. Traditionelle Bedeutung

Die Fische sagen der Person, in deren Nähe sie schwimmen, Reichtum und Glück in allen Angelegenheiten voraus. Sind sie weit von ihr entfernt, so prophezeien sie das Mißlingen Ihrer Pläne wie gut auch immer sie durchdacht und vorbereitet waren.

2. Persönliche Botschaft

Karo König ist ein freundlicher König. Zahlreiche Fische umgeben ihn.
Sie sind ein Mensch mit tiefen seelischen Gedankengängen. So werden Sie auch in Kontakt mit sehr spirituellen Persönlichkeiten kommen, die Ihnen helfen, unvermutete spirituelle Talente und Botschaften aus dem Unterbewußtsein zu verstehen.
Es kann auch sein, daß Sie zum Fischen gehen.
Ein Geheimnis ist sicher bei Ihnen.
Hier handelt es sich auch um einen Mann, der mit Geld umzugehen weiß.

3. Orakel-Spruch

Sie werden ein erfülltes Leben haben, in dem Sie finanziell auf nichts verzichten müssen. Ihnen wird großes Glück auf dem Wasser widerfahren, mit einem Boot zum Beispiel oder an einem Platz am Wasser, zum Beispiel an der See.
Sie werden zu einem Festmahl eingeladen bzw. sitzen an einem reichgedeckten Tisch.
Ihre Unternehmungen werfen Gewinn ab und Sie wrden ein sorgloses Leben führen.
Ihre Geheimnisse werden sorgsam gehütet. Sie bekommen Unterstützung von einem diskreten, weisen Mann, der Ihnen mit Rat und Tat beisteht.
Ihre Zukunftspläne nehmen Gestalt an.

4. Stellung in Kartenkombinationen

Dicht bei der Personenkarte gelegen, wird dem Frager oder Fragerin ein großer Reichtum vorhergesagt. Sie werden mit Erfolg gesegnet. Liegen die Fische in der Linie der Zukunft, werden Sie sehr reich werden.

Um die Personenkarte herum, sagen die Fische voraus, daß Sie mit einem älteren, blonden Herrn in Verbindung treten werden, der Sie allseits unterstützen und fördern wird.

Entfernt von der Personenkarte, kündet diese Karte von Plänen, die im Nebel verlaufen, von Gerüchten und Lastern, vor denen man sich hüten muß.

35. Anker

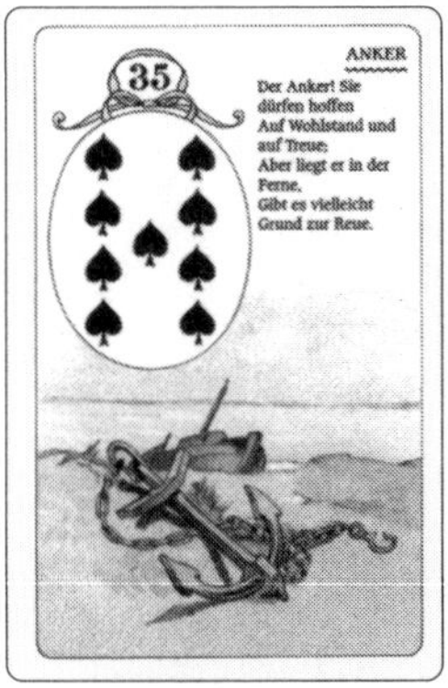

Carta Mundi, Belgien

AG Müller, Schweiz

Amber-Studio, Belgien

35. Anker

Verlangen, Treue, Heimathafen, Sicherheit,

Pik neun

1. Traditionelle Bedeutung

Der Anker symbolisiert Glück auf See, im Handel oder im Gewerbe. In der Nähe gelegen, weist diese Karte zuverlässig auf eine lebenslange Treue in der Liebe hin.
Fernab gelegen, bedeutet sie jedoch untreue Gedanken und Launenhaftigkeit in der Liebe.

2. Persönliche Botschaft

Sie müssen innerlich zur Ruhe kommen.
Hier geht es um Zweifeln und Zögern gegenüber etwas Neuem. Sie suchen Liebe und stilles Glück. Sie lieben es, ein eigenes Nest zu bauen, indem man sich sicher fühlen kann. Sie brauchen auch in Gesellschaft einen Platz, an den Sie sich zurückziehen können. Da ist eine Person in Ihrer Nähe, von der Sie keinen Abschied nehmen können. Sie leben in Unsicherheit und das schwächt Ihr Selbstvertrauen. Darum sollen Sie sich an einen sicheren Zufluchtsort zurückziehen!

3. Orakel-Spruch

Sie haben sich in einer bestimmten Situation verankert und wissen nun nicht wie Sie am besten dort herauskommne.
Aber da ist Hoffnung. Jemand in Ihrer Nähe meint es gut mit Ihnen und wird Sie durch Dick und Dünn begleiten. Er oder sie wird Ihr sicherer Heimatshafen sein.
Endlich kommt auch Licht in eine Liebesbeziehung und Sie wissen nunmehr, woran Sie sind.
Hier geht es auch darum, nach Hause zu kommen, in eine sichere Umgebung nach einer Phase heftigen Geschehens und dem Verlust aller Sicherheiten.
Es besteht die Hoffnung, daß ein bestimmter Zustand sein Ende findet, wodurch Sie sich wieder erholen können.
Hoffnung und Liebestreue werden hier angzeigt. Ebenso gute, neue Geschäftsbeziehungen, Glück auf See und im Gewerbe.

4. Stellung in Kartenkombinationen

Dicht bei der Personenkarte gelegen, sagt der Anker einen treuen Liebespartner oder Anbeter voraus, der geduldig auf Sie wartet und für Ihren Schutz vor Unannehmlichkeiten sorgt. Gehen Sie an diesen aufrechten Gefühlen nicht achtlos vorbei. Wer bewundert Sie im stillen?

Entfernt von der Personenkarte gelegen, zeigt der Anker Schwierigkeiten in Situationen an, wo man schnell zugreifen muß.

Sie wissen nicht, was Sie wirklich wollen und wo Sie hingehören.

Auch: Sie sind zu unberechenbar im Umgang mit den Gefühlen anderer.

Liegt der Anker mitten auf der Linie zwischen Herr und Dame, so sagt er eine lebenslange Liebe oder Freundschaft voraus.

Liegt der Anker nahe beim Weg, Karte Nr. 22, so werden Sie in der Liebe vor eine Wahl gestellt.

Stets handelt der Anker von Hoffnung auf und dem Verlangen nach Sicherheit.

Schauen Sie nach den Umgebungskarten und handeln Sie nicht gedankenlos.

Über bei der Personenkarte gelegen, zeigt der Anker eine wahren Liebe für Sie ganz in Ihrer Nähe an.

Da gibt es einen Verehrer, eine Verehrerin, die oder der sich bald äußern wird.

Unter der Personenkarte gelegen, sagt der Anker, daß Sie Ihre Sachen gut im Griff haben und glücklich und zufrieden sein können.

36. Kreuz

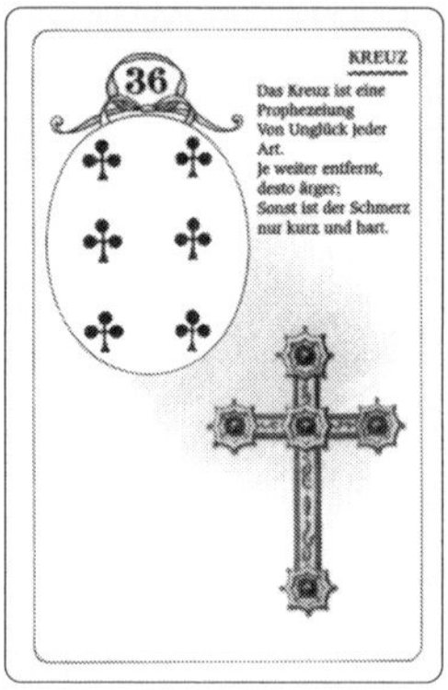

Carta Mundi, Belgien

AG Müller, Schweiz

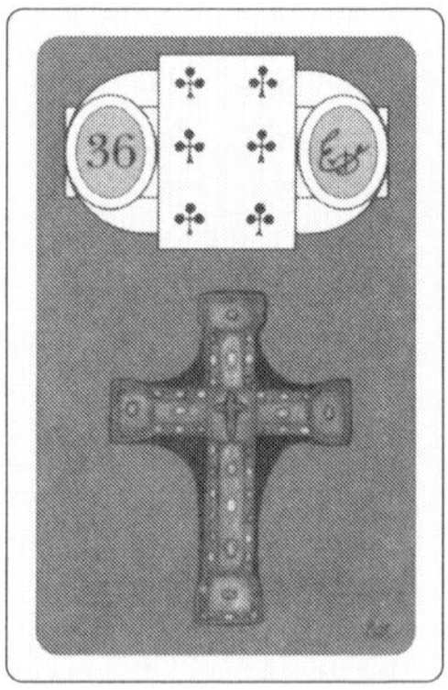

Amber-Studio, Belgien

36. Kreuz

Leid, Unglück, Ende eines Zeitraums,

Kreuz sechs

1. Traditionelle Bedeutung

Das Kreuz ist der Unglücksbote, dem alle aus dem Weg gehen sollten. In der Nähe der Personenkarte gelegen, sagt das Kreuz voraus, daß der Mißerfolg von kurzer Dauer sein wird.

2. Persönliche Botschaft

"Jedes Häuschen hat sein Kreuzchen" und "jeder trägt sein eigenes Kreuz". Hier geht es um manchen Verdruß, den Sie erleiden.
Irgend etwas oder irgendwer ist in Ihnen gestorben; Sie bleiben einsam und mutlos zurück.
Sie brauchen Abwechslung und Ruhe. Fahren Sie in Urlaub, um Ihre Gefühle zu verarbeiten.
Suchen Sie sich ein schönes Hobby oder einen Sport. Lassen Sie sich nicht hängen!
Das Kreuz handelt auch von tiefen religiösen Gefüheln und von Einsicht in das Leid von Mitmenschen.

3. Orakel-Spruch

Mißhelligkeiten werden tapfer ertragen.
Über eine bestimmte Lebenssituation gilt es jetzt ein Kreuz zu machen und von dort aus allein weiterzugehen.
Vorsicht bei allen Aktivitäten. Erzählen Sie nicht zuviel, und passen Sie im Straßenverkehr gut auf!

4. Stellung in Kartenkombinationen

Das Kreuz sagt stets Verdruß und Schwierigkeiten voraus.
Sehen Sie erst nach, welche Karten das Kreuz umringen, dann wissen Sie, vorher Sie sich in Acht nehmen müssen. Liegt diese Karte nahe beim Ring, Karte Nr. 25, dann sollen Sie wahrscheinlich ein Kreuz über Ihre Ehe machen.
Es hängt von den anderen Karten kann es jedoch auch das Ende einer vertrackten Situation in Ihrer Ehe bedeuten.

Nahe der Karte Nr. 24, Herz, gelegen, sagt das Kreuz, daß ein Liebesverhältnis in die Brüche geht bzw. aufgegeben werden soll.
Liegt diese Karte über der Personenkarte, so werden Mißlichkeiten und Krankheiten angekündigt. Unterhalb der Personenkarte gelegen, bedeutet es: Sie werden von Leid erlöst, das Ihre Psyche geschwächt hat.
Dicht bei der Personenkarte gelegen, ist das Kreuz eine Ankündigung von Schwierigkeit in naher Zukunft, die jedoch keine allzu großen Auswirkungen haben werden.
Wenn das Kreuz entfernt von der Personenkarte, aber in der Linie der Zukunft liegt, sollten Sie sehr wachsam sein, aus welcher Ecke Gefahr drohen könnte.

Methoden des Kartenlegens

In diesem Kapitel werden wir die wichtigsten Regeln des Kartenlegens besprechen. Wir können dabei folgende Punkte unterscheiden:

1. Wir beginnen mit Auslagen zur Einschätzung der Situation. Dabei kommen die Personenkarte und Methoden drei, fünf, neun und 13 Karten vor.
   Diese Methode erlaubt es, ein schnellen Eindruck von den augenblicklichen Lebensumständen des/der Ratsuchenden zu gewinnen.

2. Bei den Kreuz-Auslagen der Karten besprechen wir das Hauptkreuz, die Personenkarten, die Arbeit mit der Schlüsselwortmethode und das Kreuz des Schicksals oder Karma-Kreuz, in dem die großen Reihen von Vergangenheit, Gegenwart und Zukunft für den Frager besprochen werden, ebenso wie das „Karma", das er oder sie mit sich trägt. Die Schlüsselwortmethode gewährt uns zusätzliche Einsichten vor allem in die Zusammenhänge zwischen den einzelnen Karten bei größeren Auslagen.

3. Bei der mittelalterlichen Horoskopauslage mit 12 Häusern, auch das Astrologische Kreuz genannt, kommen die zwölf astrologischen Häuser und die zehn astrologischen Planeten zur Geltung, die durch die Lenormand-Karten näher beleuchtet werden.

4. Bei den Auslagen zu Paar-Beziehungen werden die Karten besprochen, die zwischen der Personenkarte und deren Umfeld beim Frager und andererseits der Karte des Partners liegen. Hier werden die Beziehungen und das Karma anhand eines Beispiels gedeutet.

5. Wir geben außerdem noch eine kurze Übersicht über die verschiedenen Methoden des Kartenlegens mit den Lenormand-Kar-

ten, darin können Sie alles, was Sie in den bisherigen Schritten gelernt haben, anwenden und ausprobieren.
6. Als sonstige Methoden des Kartenlegens schließlich werden verschiedene traditionelle Methoden und solche Legetechniken besprochen, die wir selbst erprobt und entwickelt haben.

Zur Einschätzung der Situation

1. Die Personenkarte und die Person

Bevor wir beginnen, müssen wir zuerst wissen, welche Karte uns selbst oder eine andere Person vertritt, über die wir mehr wissen wollen.
Bei den Karten von Madame Lenormand sind es zwei, die eine Person vorstellen können, entweder der Herr, Karte Nr. 28, oder die Dame, Karte Nr. 29.
Wenn Sie von weiblichem Geschlecht sind, versteht es sich von selbst, daß Ihre Personenkarte die Dame ist.
In den hier wiedergegebenen Abbildungen werden die Dame und der Herr durch die Personenkarte wiedergegeben: dies kürzen wir in den folgenden Abbildungen mit P.K. ab; und falls Sie über eine andere Person mehr wissen wollen, verwenden wir die Abkürzung P.

Die Personenkarte stellt immer Sie selbst dar. Von hier aus beginnen wir auch die Auslage und die Interpretation der Karten.
Die Personenkarte liegt hier in der Mitte der Auslage. Um dies zu verdeutlichen, beginnen wir einmal mit der Methode mit Dreien.

2. Die Methode mit Dreien

Diese Methode ist einfach und zweckmäßig, und sie dient vor allem als erstes Vertrautmachen mit der Botschaft der Karten.
Mischen Sie zunächst die Karten (auch wenn Sie die Karten für jemand anderes legen), halten Sie den Kartenstapel zumindest einen Augenblick fest in Ihren Händen, damit Ihr eigener Magnetismus in die Karten überfließen kann.
Wenn Sie einen Rat erteilen wollen, lassen Sie die Karten ebenfalls durch den Ratsuchenden festhalten. Mit der linken Hand nehmen Sie

dann die Karten ab, oder Sie lassen die Karten abnehmen (abnehmen bedeutet, den Kartestapel zu teilen, wobei die Bilder nach unten liegen, und danach wird der oberste Stapel unter den anderen geschoben).

In der Methode mit den Dreien sehen wir die Gegenwart, die Vergangenheit und die Zukunft. Die Gegenwart ist die Folge von dem, was in der Vergangenheit entstand, und ebenso die Ursache für die Geschehnisse in der Zukunft. Sie breiten dann die Karten vor sich aus und ziehen drei Karten die Sie auf folgende Weise verteilen:

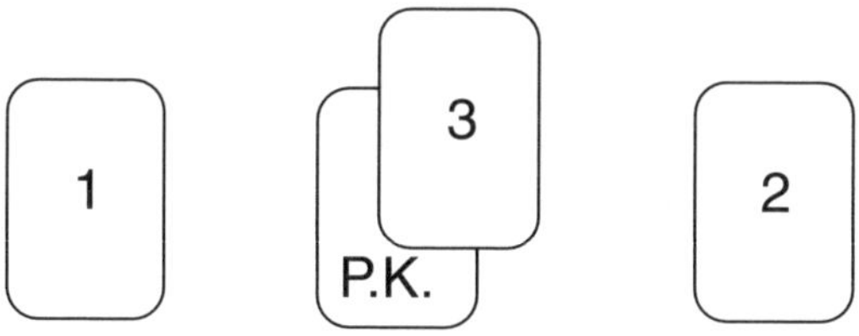

P.K. oder Personenkarte stellt Sie selbst dar und kommt in die Mitte. Diese Karte haben Sie vor dem Beginn aus dem Stapel genommen und ausgelegt.

1. diese Karte stellt die Situation dar, in der Sie sich nun befinden. Diese Situation ist die Folge Ihrer Taten in der Vergangenheit. Diese heutige Situation stellt auch die Lebensumstände dar, in denen Sie sich befinden, und außerdem das Problem, das Ihrer Frage zugrunde liegt, so wie es sich Ihnen darstellt.
   Karte Nr. 1 legen Sie links neben die Personenkarte.
2. hier zeigt sich die Entwicklung der heutigen Situation in der Zukunft. Karte Nr. 2 legen Sie rechts neben die Personenkarte.
3. diese Karte illustriert den Ablauf, die Lösung, die sich Ihnen bietet, um aus den Problemen herauszukommen. In dieser Karte können Sie auch Ihre Möglichkeiten erkennen, um den Verlauf des Geschehens zu beeinflussen.
   Karte Nr. 3 wird darum auch auf die Personenkarte gelegt.

Beispiel für die Methode mit Dreien
Der Kartenstapel liegt vor uns ausgebreitet mit den Bildern nach unten.
Wir ziehen drei Karten, eine für die heutige Situation, die kommt links von der Personenkarte, eine für die Entwicklung in der Zukunft, die kommt rechts neben die Personenkarte, und eine dritte für den Verlauf der ganzen Angelegenheit, die oben auf die Personenkarte gelegt wird.
Wir haben für dieses Beispiel folgende Karten gezogen:

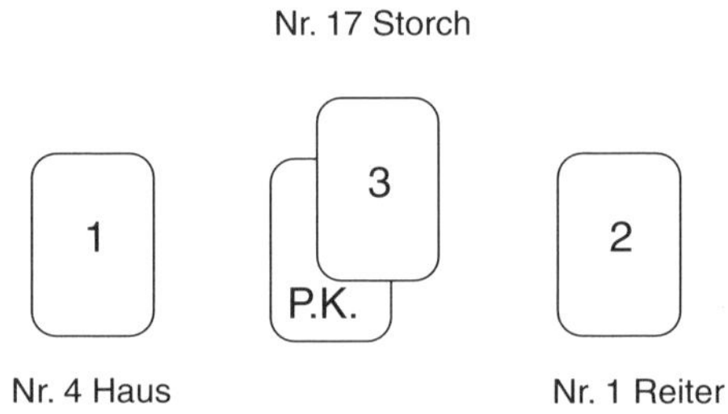

1. Karte Nr. 4, das Haus: Die heutige Situation oder das bestehende Problem, diese Karte liegt links von der Personenkarte.
2. Karte Nr. 1, der Reiter: Die Entwicklung in der Zukunft, die jetzt rechts von der Personenkarte liegt.
3. Karte Nr. 17, der Storch: Der Verlauf der Angelegenheit, diese Karte kommt in der Mitte zu liegen, oben auf der Personenkarte.

Interpretation:
1. In der heutigen Lebenssituation haben Sie Probleme mit einem Haus. Bleiben Sie am gegebenen Ort noch lange wohnen?
2. In der näheren Zukunft werden Sie eine wichtige Information erhalten in Zusammenhang mit diesem Haus. Passen Sie darum gut auf, auf alles was sich Neues tut. Stecken Sie auch nicht soviel Geld in dieses Haus, in dem Sie nun wohnen. Währenddessen sehen Sie in der folgenden Karte, was Sie tun müssen, um aus den heutigen Problemen rauszukommen:

3. Der Storch besagt, daß eine bedeutende Veränderung in Ihr Leben kommt, wodurch sich Ihre Gewohnheiten gründlich ändern.

Diese Methode mit Dreien ist kurz, gibt jedoch häufig recht deutlich den Kern des bestehenden Problems wieder.
Wenn Sie mehr wissen wollen, müssen Sie zu einer der folgenden Methoden übergehen.

3. Die Methode mit Fünfen

Wir ziehen fünf Karten aus dem Stapel und legen sie folgendermaßen vor uns aus:

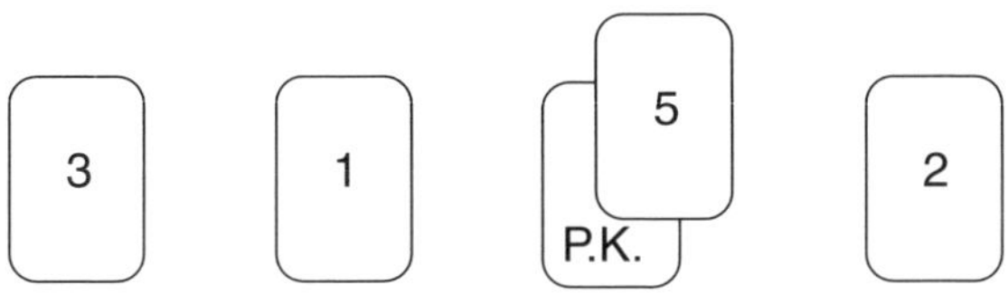

1. Diese Karte stellt die Situation vor, in der Sie sich jetzt befinden.
2. Diese Karte zeigt die Entwicklung, von der heutigen Situation weiter in die Zukunft.
3. Diese Karte erläutert die Ursache Ihrer Probleme.
4. Diese Karte zeigt Ihre Möglichkeiten, um die Zukunft positiv zu beeinflussen.
5. Diese Karte zeigt den schließlichen Verlauf der heutigen Situation, sie kommt oben auf die Personenkarte zu liegen.

Beispiel für die Methode mit Fünfen:

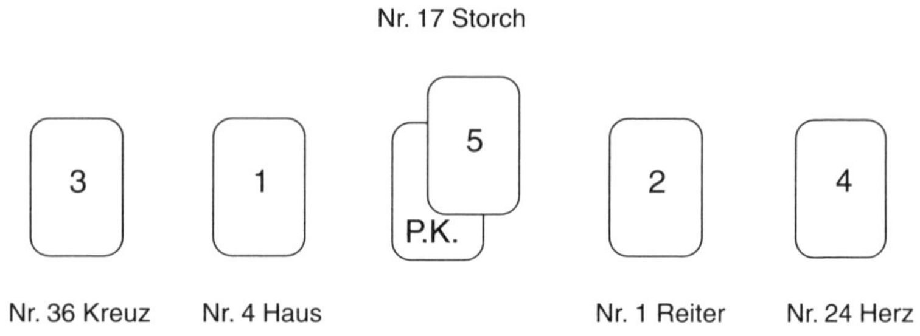

Wir haben die folgenden Karten gezogen:

1. Karte Nr. 4, das Haus, die gegenwärtige Situation, in der Sie sich befinden, diese kommt links neben die Personenkarte.
2. Karte Nr. 1, der Reiter, verdeutlicht die Entwicklung in der Zukunft, sie kommt rechts neben die Personenkarte.
3. Karte Nr. 36, das Kreuz, diese Position zeigt Ihnen die Ursache der heutigen Probleme, die Karte liegt links neben der ersten.
4. Karte Nr. 24, das Herz, erläutert die Möglichkeiten, die für Sie bestehen, um die Zukunft positiv zu beeinflussen. Diese Karte kommt rechts neben die Karte Nr. 1, den Reiter.
5. Karte Nr. 17, der Storch, diese liegt oben auf der Persönlichkeitskarte und bedeutet den schließlichen Verlauf der heutigen, gegebenen Situation.

Interpretation:

1. In der heutigen Lebenssituation haben Sie Probleme mit einem Haus.
   Was ist die Ursache dieser Probleme?
2. Was ist der Grund, daß Sie sich nicht glücklich fühlen in diesem Haus? Auf Platz Nr. 3 sehen wir Karte Nr. 36, das Kreuz, liegen. Das Kreuz steht für Leiden, das Ihnen angetan wird. Sie haben viel Verdruß gehabt in diesem Haus und sich sehr einsam gefühlt.
3. Die Karte Nr. 1, der Reiter, verdeutlicht die zukünftige Entwicklung. Sie erhalten eine wichtige Nachricht. Aus welcher Richtung

kommt die Nachricht? Das sehen wir in der Karte, die neben dem Reiter liegt:

4. Karte Nr. 24, das Herz, rechts neben dem Reiter, zeigt, daß Sie eine Nachricht erhalten, von jemandem, der oder die viel von Ihnen hält. Machen Sie Ihr Herz offen für diese Person, denn sie ist Ihnen mit Herz und Seele zugetan!
5. Karte Nr. 17, der Storch, gibt den schließlichen Verlauf an: Sie werden durch einen geliebten Menschen eingeladen und werden auf eine Reise gehen oder Ihre Wohnungssituation verändern.

4. Die Methode mit Neunen

Hierzu sind neun Karten erforderlich. Für die genaue Reihenfolge der einzelnen Positionen stützen wir uns jetzt nicht nur auf die vorherigen Legemethoden. Wir verteilen nun neue Nummern für die folgende, neue Auslage. Wir legen die Karten folgendermaßen aus:

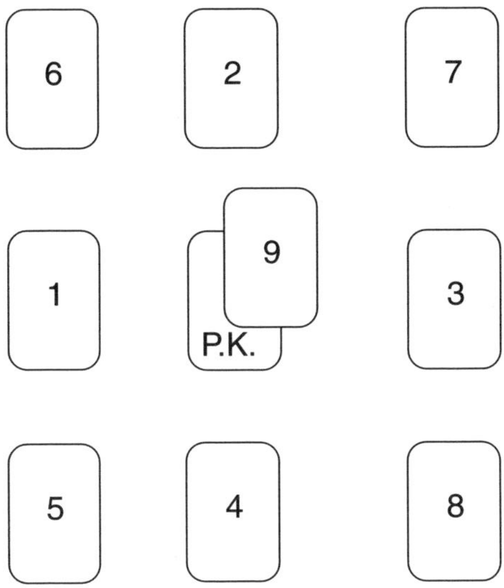

1. Diese Karte stellt die Situation dar, die aus der nahen Vergangenheit kommt (gestern sozusagen) und die einen wichtigen Einfluß auf die momentanen Umstände besitzt.
2. Diese Karte zeigt, was Sie erwartet, was „in der Luft liegt“, in der Gegenwart.
3. Diese Karte zeigt die Entwicklung in der Zukunft an.
4. Hier wird angegeben, was Sie jetzt in der Gegenwart im Griff und unter Kontrolle haben.
5. Diese Karte zeigt die Verbindung zwischen der Vergangenheit und der Gegenwart und verdeutlicht dabei, was Sie in der Gegenwart unter Kontrolle haben, was Ihnen also vertraut ist und mit dem Sie gut umgehen können.
6. Diese Karte betrifft die Verbindung zwischen 1 und 2 oder anders gesagt: die Vergangenheit und das, was Sie erwartet; die Einflüsse, die auf Sie zukommen als logische Folge des Gewesenen. Was Sie säen, werden Sie ernten. Ihr Karma sozusagen.
7. Diese Karte gibt die Einflüsse wieder, die vom Karma aus der Vergangenheit und aus der Gegenwart sich in der Zukunft auswirken.
8. Diese Karte läßt die positiven Möglichkeiten erkennen, die jetzt haben, um die Zukunft möglichst vorteilhaft zu gestalten.
9. Diese Karte gibt das Resultat, den schließlichen Verlauf der heutigen Umständen oder Problemen wieder; sie wird auf die Personenkarte gelegt.

Beispiel für eine Methode mit Neunen:

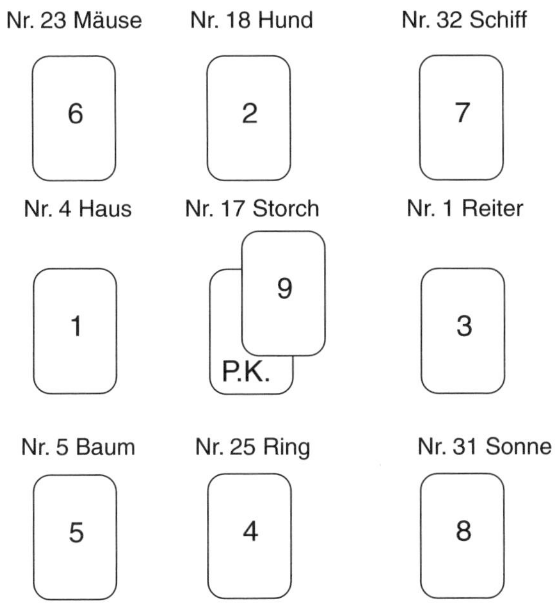

1. Mit dem Haus, Karte Nr. 4, in der heutigen Situation oder näheren Vergangenheit wird in dieser Auslage deutlich, daß Ihre Probleme sich in Zusammenhang mit einem Haus entwickelt haben.
2. Karte Nr. 18, der Hund, zeigt einen treuen Freund, der Ihnen helfen will.
3. Durch den Reiter, Karte Nr. 1, kündigt sich für die nahe Zukunft eine wichtige Nachricht an.
4. Der Ring, Karte Nr. 25, macht klar, daß Sie im Augenblick über alle Voraussetzungen verfügen, um eine glückliche Verbindung oder eine Heirat einzugehen.
5. Der Baum, Karte Nr. 5, zeigt, daß Ihre Gesundheit in der Vergangenheit und in der Gegenwart nicht zum Besten bestellt war. Nehmen Sie sich etwas Zeit und Muße und achten Sie darauf, wieder zu Kräften zu kommen, denn in der Zukunft zeigen sich große

Veränderungen in Ihrem Leben, die Ihnen viel Glück bringen werden.

Geben Sie nicht auf!

6. Die Karte Nr. 23, die Mäuse zeigen auf dieser Position einen Verlust an. Beim Baum konnten wir sehen, daß Ihre Gesundheit nicht ganz in Ordnung ist. Es ist an Ihrer Lebensenergie „geknabbert" worden, wodurch Sie finanzielle Verluste gehabt haben.
   Da die Mäuse direkt beim Haus liegen, sollten wir darauf aufmerksam werden, daß jemand von dieser Situation arg profitiert hat und allerlei Wertsachen eingepackt hat. Lassen Sie darum Ihr Portemonnaie nicht sorglos herumliegen, und wenn Sie mit jemandem beruflich oder geschäftlich zusammenarbeiten, achten Sie besonders gut darauf, daß dieser Sie nicht finanziell oder in anderer Weise benachteiligt.
   Die Mäuse deuten auf eine chronische Krankheit, die Ihnen andauernd Schwierigkeiten macht.
   Diese Karte liegt zwischen dem Haus und dem Hund, so daß Sie darauf zählen können, daß Ihr treuer Freund aufmerksam für Sie sorgt.
7. Das Schiff, Karte Nr. 3, kündigt eine Reise an, die sehr positiv für Ihre weitere Entwicklung werden wird.
   Diese Karte liegt über dem Reiter, woraus sich folgern läßt, daß die wichtige Nachricht des Reiters eine Einladung zu einer weiten Reise sein kann.
8. Die Sonne, Karte Nr.31, erklärt, daß Sie viel Glück haben werden in der Zukunft. Sein Sie daher optimistisch und positiv eingestellt. Alles wird gut!
9. Karte Nr. 17, der Storch, kündigt eine große Veränderung an in Ihrer Lebenssituation. Sie werden umziehen!

5. Die Methode mit Dreizehn

Diese Methode ist eine Vorbereitung zu der folgenden Legeart, dem Hauptkreuz, die wir noch später besprechen werden.

Für diese Legemethode sind dreizehn Karten nötig, die folgendermaßen ausgelegt werden:

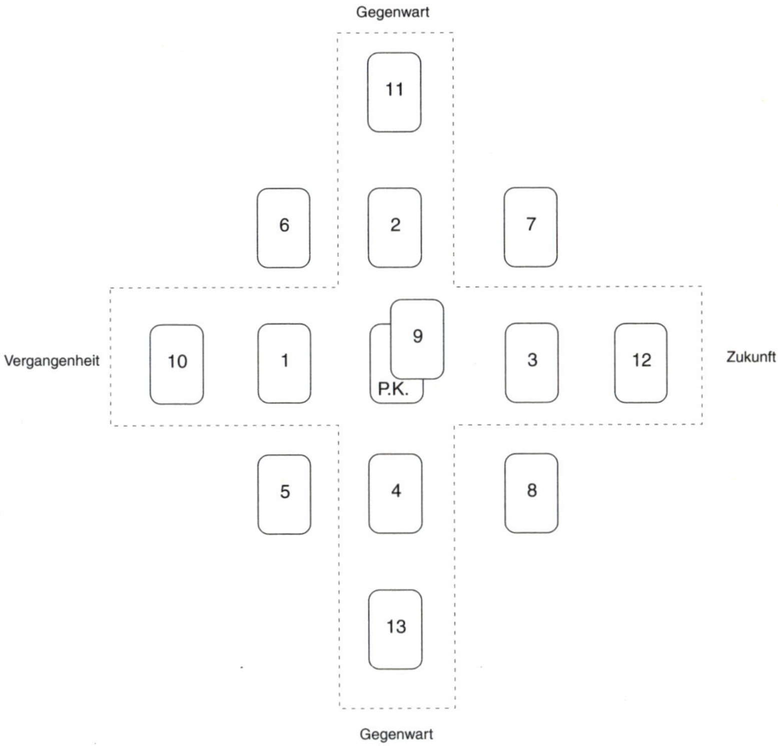

1. Diese Karte stellt die Situation aus der nahen Vergangenheit dar (gestern sozusagen), die einen wichtigen Einfluß auf die Gegenwart hat.
2. Diese Karte zeigt Ihre Erwartungen und Hoffnungen in der Gegenwart.
3. Hier zeigt sich die Entwicklung in der Zukunft.

4. Hier wiederum werden die Dinge angezeigt, die Sie in der Gegenwart „unter Kontrolle“, also im Griff haben.
5. Diese Karte gibt die Verbindung an zwischen der Vergangenheit und der Zukunft und zeigt, was Sie in der Gegenwart im Griff haben.
6. Diese Karte bestimmt die Verbindung zwischen den Karten Nr. 1 und 2 oder die Brücke zwischen der Vergangenheit und dem Augenblick und zeigt die Einflüsse, die als Folge der Vergangenheit auf Sie zukommen.
7. Hier geht es um den Einfluß, den das Karma von Vergangenheit und Gegenwart in der Zukunft haben wird.
8. Diese Karte läßt die positiven Möglichkeiten erkennen, die Sie in der Gegegnwart haben, um die Zukunft so vorteilhaft wie möglich zu beeinflussen.
9. Diese Karte gibt das Ergebnis, den schließlichen Ablauf wieder, wohin sich die heutigen Umstände oder Probleme entwickeln werden, sie wird auf die Personenkarte gelegt.
10. In dieser Karte liegt die Ursache Ihrer Probleme verborgen.
11. Diese Karte gibt Ihnen zusätzliche Auskunft über die Karte auf Position Nr. 2 in der Gegenwart.
12. Diese Karte weist speziell auf die Möglichkeiten hin, die Sie besitzen, um den Selbstlauf der Entwicklung in der Zukunft zu verändern und positiv zu gestalten.
13. Diese Karte zeigt schließlich die tieferen Hintergründe für die Karte auf Position Nr. 4 in der Gegenwart.

Beispiel für die Methode mit den Dreizehn:

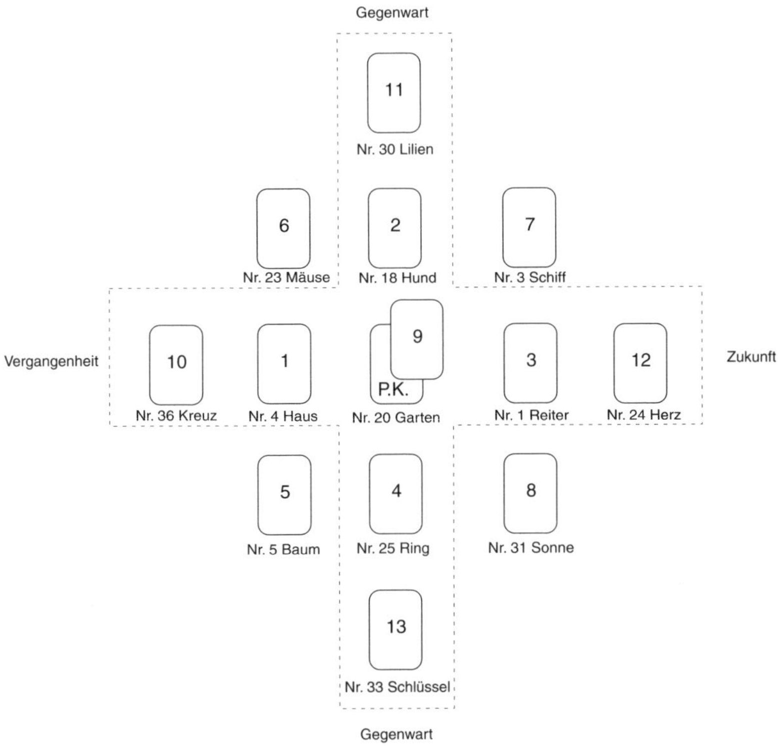

Interpretation:

Die Ursache und die Art des Problems in der Vergangenheit:

1. Mit dem Haus, Karte Nr. 4, in der heutigen Situation oder der nahen Vergangenheit wird klar gemacht, daß Ihr Problem in diesem Haus steht.
10. Das Kreuz, Karte Nr. 36, gibt weiteren Aufschluß über die Art des Problems in diesem Haus. Sie waren ziemlich verdrossen und haben unter bestimmten Zuständen sehr gelitten. Sie fühlten sich sehr einsam.
6. Die Mäuse, Karte Nr. 23, liegen oberhalb des Hauses, der Karte Nr. 4. Sie zeigen, daß Sie sich in diesem Haus schlechtfühlten, weil Sie an einer chronischen Krankheit litten.

5. Karte Nr. 5, der Baum, weist nun darauf hin, daß die Ursache dieser Ihrer Probleme in der Gesundheit zu finden sind. Sie sind viel krank gewesen, wodurch Sie sich sehr einsam und verlassen fühlten.

Die heutige Situation:
Wie Sie bereits gemerkt haben, geben die Karten, die auf den Positionen 5, 10 und 6 liegen, tiefere Auskünfte über die Karte auf Position 1. Diese Karte vermittelt Einsichten in die Ursachen und die Art des Problems in der heutigen Situation.

Das Karma:

2. Karte Nr. 8, der Hund, läßt Sie einen zuverlässigen Freund finden, die oder der alles tut, um Ihnen zu helfen.
6. Karte Nr. 23, die Mäuse, kündigen Krankheit und Verluste in dem Haus an, aber Sie haben Beistand durch den treuen Freund, entsprechend Karte Nr. 18, der Hund.
11. Karte Nr. 11, die Lilien, verheißen großes Glück, das aus der Liebe erwächst.
    Sie werden beschützt und beschirmt werden durch einen treuen Freund, der Sie ganz glücklich machen wird.
    Die Lilien verheißen Liebesglück für eine Dame und Gewinn in Geschäftsangelegenheiten für einen Herrn.
    In der Gegenwart werden Sie beschirmt und beschützt durch eine einflußreiche Person, die wahrscheinlich älter ist als Sie selber.
    Die Karten, die auf den Positionen 2, 6 und 11 liegen, erklären Ihnen Ihr Karma.

Die natürliche Entwicklung in der Zukunft:

3. Mit der Karte Nr. 1, dem Reiter, erhalten Sie eine wichtige Nachricht in der Zukunft.
7. Das Schiff, Karte Nr. 3, kündigt eine Reise an. Diese Karte liegt oberhalb des Reiters. Daraus können wir die Schlußfolgerung ziehen, daß Sie zu einer Reise eingeladen werden.
12. Diese Einladung zu einer Reise kommt von einer geliebten Person, die viel an Sie denkt und die Sie in ihr Herz geschlossen hat.

Die Karten auf den Positionen 3, 7 und 12 geben Ihnen Aufschluß über die natürliche Entwicklung oder den Selbstlauf der Zukunft, wobei die Einflüsse aus der Vergangenheit eine deutliche Rolle spielen.

Eigenes Eingreifen in die kommende Entwicklung:

3. Der Reiter, Karte Nr. 1, bringt Ihnen eine wichtige Nachricht in der nahen Zukunft.
12. Karte Nr. 24, das Herz, erzählt davon, daß Sie neue Nachrichten erhalten, von einer Person, die Ihnen herzlich zugetan ist.
8. Karte Nr. 31, die Sonne, verdeutlicht, daß Sie mit viel Optimismus und Freude der Zukunft entgegen sehen können.
   Diese Karte beweist auch, daß Sie durch Ihre eigene innere Kraft, durch Ihren Optimismus und durch Ihre positive Lebensbewältigung Ihre Zukunft in bessere Bahnen leiten können.
   Die Karten, die auf den Positionen 3, 8 und 12 sich befinden, verdeutlichen Ihre Möglichkeiten, die Sie wie jeder Mensch in sich tragen und von denen man Gebrauch machen sollte.

Die Erwartungen in der Gegenwart für die Zukunft:

4. Karte Nr. 25, der Ring, verweist auf eine glückliche Beziehung oder auf eine Heirat und Ehe, die alle Voraussetzungen für einen glücklichen Verlauf besitzt.
8. Die Sonne, Karte Nr. 31, zeigt, daß Sie dieser Ehe mit viel Optimismus entgegengehen können.
13. Karte Nr. 33, der Schlüssel, verweist auf gutes Gelingen und Erfolg.
   Die tiefsten Herzenswünsche kommen zum Vorschein. Ein neuer Beginn ist möglich. Die Zukunft sieht strahlend aus.
   Die Karten auf den Positionen 4, 8 und 13, bedeuten vor allem die eigenen Möglichkeiten - die kommenden Entwicklungen und den Einfluß, den Sie selbst darauf haben.
9. Der schließliche Verlauf zeigt an, daß Sie in einer angenehmen und kunstvollen Umgebung sich wiederfinden werden, in der es Ihnen wohlergeht (Karte 20, der Garten).

Die Kreuze

1. Das Hauptkreuz

Sie haben bereits gemerkt, daß wir bei unseren bisherigen Auslagen in einem Kreuz vorgegangen sind. Was wir bisher besprochen haben, ist schon eine Vorbereitung für das „Hauptkreuz".
Die vertikale Reihe steht nun für die Gegenwart, dabei sind alle Karten, die über der Personenkarte liegen, Hinweise auf Entwicklungen, die über Ihnen schweben und über Ihren direkten Einfluß hinausgehen, also auf Ihr Karma.
Die Karten, die unter der Personenkarte liegen, sind die Karten, die jene Mitteln und Möglichkeiten in der Gegenwart anzeigen, die Sie gut im Griff haben.
Die Karten, die links in der horizontalen Reihe von der Personenkarte liegen, stehen für die Vergangenheit und die Karten, die rechts von der Personenkarte sich befinden, erläutern die Zukunft.
Die 36 Lenormand-Karten werden alle auf dem Tisch ausgebreitet, wobei man darauf achten muß, wo die Dame und der Herr liegt.
Die Karten, die diese Personenkarte umringen, bestimmen die Interpretation.

Um es etwas einfacher zu machen, werden wir diese Personenkarten noch einmal nennen: Karte 28, der Herr, und Karte Nr. 29, die Dame.

Nehmen wir an, daß eine Dame nach Rat und Aufschluß für Ihr Leben fragt. Wir schauen zuerst danach, wo in dieser Auslage die Dame durch die Karte Nr. 29 repräsentiert wird.
Von da aus bilden wir ein Kreuz nach oben, nach unten, nach links und nach rechts.
Die vertikale Linie stellt die Gegenwart dar.
Alle Karten, die oberhalb der Personenkarte in dieser senkrechten Linie liegen, stellen die Geschehnisse dar, die über unseren Kopf hin-

Das Hauptkreuz

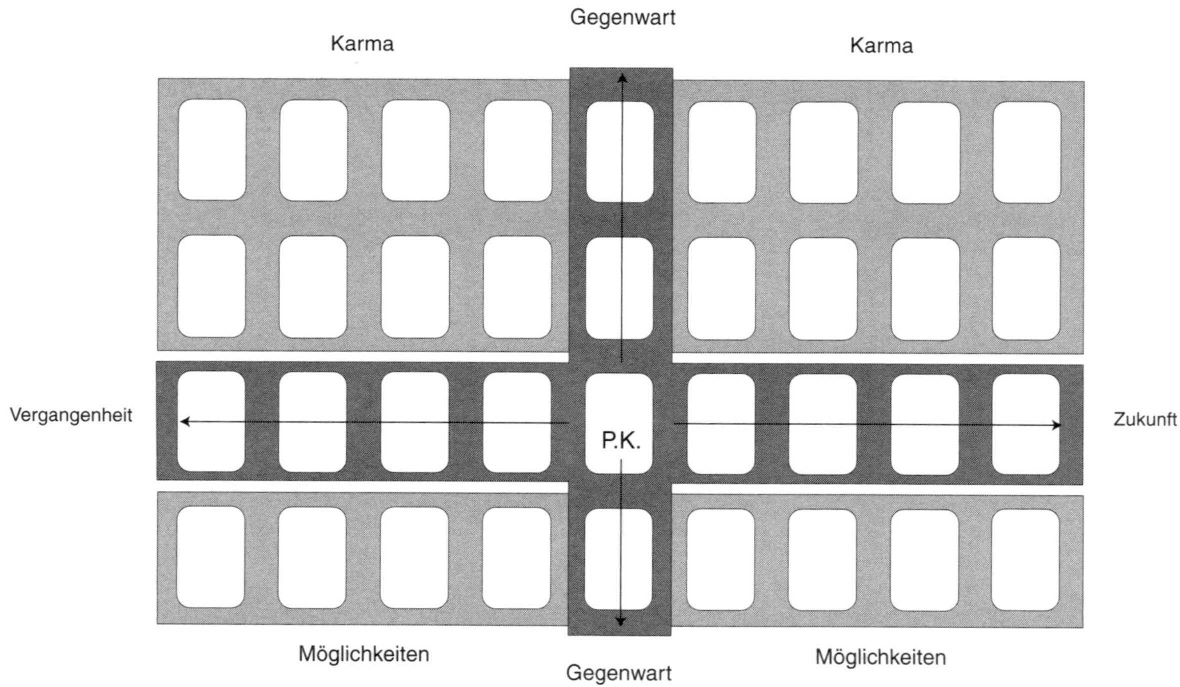

ausgehen, das heißt, sie zeigen, was uns begegnet und nicht in unserer Macht liegt. Diese Karten gelten auch als die „karmischen" Karten, da ja das, was auf uns zukommt, eine Folge der früheren Taten und Gedanken ist.
Alle Karten, die unter der Personenkarte in der vertikalen Reihe liegen, zeigen, was wir in der Gegenwart kontrollieren und beeinflussen können.
Alle Karten, die auf der waagerechten Linie links von der Personenkarte liegen, stellen die Entwicklung in der Vergangenheit oder die Ursachen der heutigen Situation dar.

Die Karten rechts von der Personenkarte auf der horizontalen Linie, vergegenwärtigen die Entwicklung in der Zukunft oder die Folgen der Taten, die wir in der Gegenwart vollbringen.
Alle Karten, die überhalb der horizontalen, waagerechten Linie mit der Personenkarte liegen, repräsentieren die karmischen Verbindungen, die wir früher geschaffen haben und die wir nun und in der Zukunft zu „bezahlen" haben. Das muß jedoch nicht unbedingt negativ ausgelegt werden. Wir haben natürlich in unserer Vergangenheit nicht alles nur recht und schlecht gemacht. Für all das Gute, was wir getan haben, werden wir auch belohnt, es wird nur nicht gesagt, wann wir diese Belohnung erhalten. Das kann natürlich in einem Moment geschehen, in dem wir damit keinesfalls gerechnet hätten!
Alle Karten auf der senkrechten Linie unterhalb der Personenkarte stellen die Einflüsse und Geschehnisse in unserem Leben dar, die wir selber beherrschen können. Dies sind unsere eigenen Möglichkeiten, mit denen wir eingreifen können und die Einfluß haben auf die zukünftigen Ereignisse.
Zusammengefaßt sehen wir, daß alle Karten, die überhalb der horizontalen Linie liegen, mit dem Karma zu tun haben und daß alle Karten, die unterhalb der horizontalen Linie liegen, eigene Möglichkeiten darstellen, die wir selber in der Hand haben. Diese unsere Möglichkeiten haben wir in der Vergangenheit gebraucht, auch in der Gegenwart, und so werden wir es ebenfalls in der Zukunft können.

2. Die Personenkarte

Wir beginnen stets mit der Personenkarte, um die Kreuzlinien einer Auslage festzulegen.
Was geschieht, wenn diese Personenkarte am Rand der Auslage erscheint?
Wenn die Personenkarte am Rand der Auslage erscheint, wird eine große Veränderung im Leben von jemand vorausgesagt. Meistens besteht diese in einem Umzug, aber die Veränderung kann auch etwas anderes beinhalten. Daher muß man gut Obacht geben, welche Karten um die Personenkarte herum liegen. Achten Sie speziell auf die Karte Nr. 17, Storch, und deren Position. Diese Karte stellt eine Veränderung oder einen Umzug dar. Für eine Dame kann diese Karte auch eine baldige Geburt ankündigen, besonders wenn die Karte Nr. 13, Kind, in der Nähe liegt.
Wie müssen wir die Karten interpretieren, wenn die Personenkarte am äußeren rechten Rand der Auslage erscheint, in Richtung der Zukunft?
Die wichtigste Mitteilung ist, daß eine große Veränderung der gesamten Lebenssituation auf Sie zukommt.
Danach schauen wir, welche Karten in der Gegenwart liegen, denn sie sollen die Ursache andeuten für das, was kommen wird. Alle Karten, die in der Auslage im Bereich Vergangenheit liegen, müssen nun genau betrachtet werden, da sie Richtungsweiser für die Zukunft sind. Hier liegen denn auch die wichtigsten Ursachen für den selbständigen Fortgang Ihrer Angelegenheiten. Wenn die Personenkarte am rechten Rand liegt und sich in der rechten unteren Ecke befindet, gehen wir so vor, wie soeben beschrieben, aber man muß dabei festhalten, daß der Frager eine wichtige karmische Situation durchmacht, wobei er oder sie nichts direkt unter Kontrolle hat. Es „überfällt“ ihn richtig.
Falls die Personenkarte sich in der rechten oberen Ecke befindet, dann ist die gegenwärtige Situation vollkommen unter Kontrolle und es wird damit gesagt, daß eine wichtige Entscheidung oder ein wichtiger Entschluß in seinem Leben stattfinden kann.
Weiter läßt sich sagen, daß die Personenkarte in der obersten, horizontalen (waagerechten) Reihe anzeigt, daß der Frager die gegenwär-

tige Situation vollkommen im Griff und keine unerwarteten Entwicklungen zu befürchten hat.
Wohingegen die Personenkarte in der untersten horizontalen Reihe davon handelt, daß plötzliche Wandlungen vonstatten gehen und daß der Frager große Überraschungen zu erleben hat.
Wenn die Personenkarte nun am linken Rand der Auslage liegt, dann kann man hier nichts über die Vergangenheit erfahren.
Für die Interpretation der Karte müssen Sie jedoch immer die Vergangenheit des Fragers kennen. darum ist es in diesem Fall nötig, die Karten erneut auszulegen, nach derselben oder einer anderen Methode.
Die Interpretation muß vollständig sein, wobei Vergangenheit, Gegenwart und Zukunft in gleicher Weise von Bedeutung sind. Ein Mensch ist das Produkt aus seinen Erfahrungen in der Vergangenheit.

Hier werden der Charakter und die Lebenseinstellung bestimmt, die wichtigsten Elemente für die künftige Entwicklung des persönlichen Lebens.
Nehmen wir an, daß eine unverheiratete Dame uns um Rat fragt. Wir gehen wir dann genau mit der Auslage vor? Erst schauen wir, wo die Personenkarte liegt, die Karte Nr. 29, die Dame. Als nächstes schauen wir nach den Karten, die in der Gegenwart liegen.
Die heutigen Umstände sind Folgen von dem, was sich in der Vergangenheit abgespielt hat, so daß wir nun nach den Karten schauen, die in der Vergangenheit liegen und der Personenkarte vorausgehen.
Unser Blick geht dann zurück zur Personenkarte und zieht die Linie weiter in die Zukunft.
Wir lassen die Karten wie einen Film an uns vorbeiziehen, und wir gebrauchen die Stichwörter, die zu jeder Karte gehören.
Auf diese Art und Weise bauen wir die Interpretation auf.
Dann gilt es darauf zu achten, welche Möglichkeiten der Ratsuchende hat und was oberhalb, jenseits seiner Reichweite liegt.

Zur Verdeutlichung werden wir einmal ein Beispiel genau betrachten und schauen, welche Botschaft die Karten für diese Dame haben.

Beispiel für ein Hauptkreuz

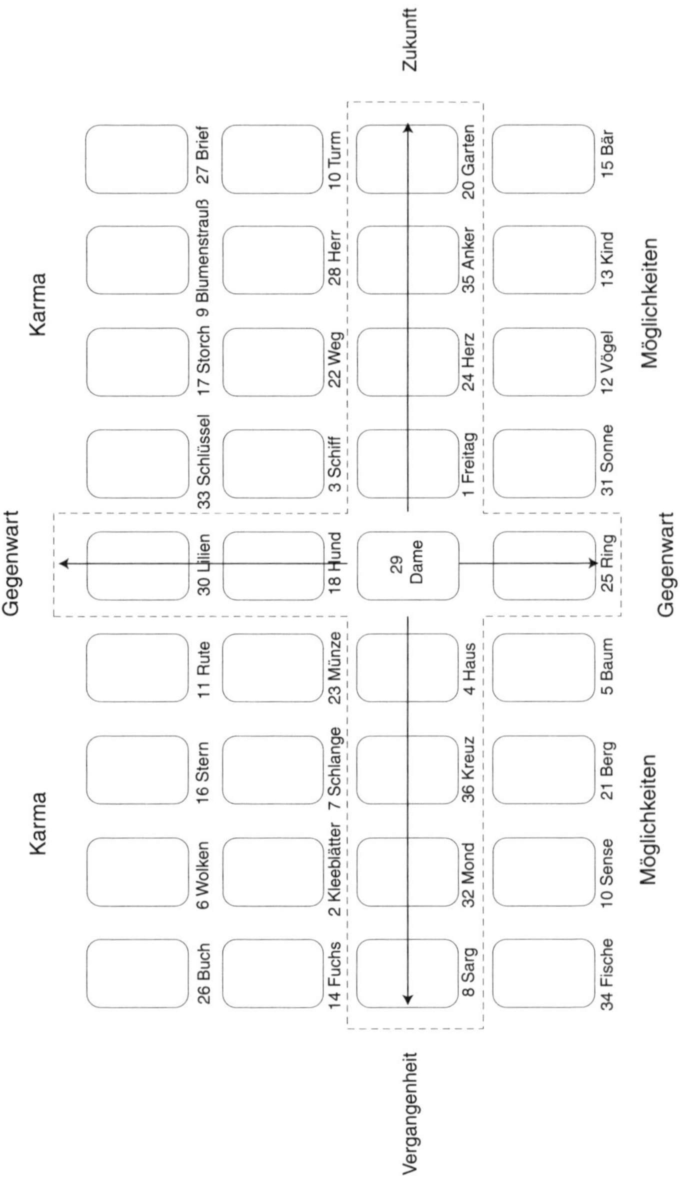

Vergessen Sie dabei nicht Ihre Intuition zu gebrauchen, Ihre Menschenkenntnis.
Urteilen Sie nicht zu früh über anderer Leute Dummheiten, und seien Sie vorsichtig mit allem, das Sie sagen.

Der Mensch kommt auf die Erde, um zu lernen, und es hat gar keinen Sinn, ihn für dumm zu verkaufen, indem man ihm unrühmliche Dinge voraussagt und dann hinzufügt, das dies seine eigene Schuld sei. Beschämen Sie nicht das Vertrauen Ihrer Klienten!

3. Arbeiten mit der Schlüsselwortmethode

Mit dieser Methode können Sie die Botschaft von jeder Karte für Vergangenheit, Gegenwart und Zukunft schnell feststellen. Diese Methode dient vor allem als Einstieg für die weitere Interpretation der Karten.
Bei dieser Methode arbeiten wir immer in drei Schritten. Wenn wir zum Beispiel den Mond, Karte Nr. 32, deuten, dann schauen wir zugleich nach der Karte, die darüber, und nach jener, die unter dem Mond liegt. Wir wollen einmal in diesem Sinne das vorliegende Beispiel betrachten:

Interpretation:
Die Vergangenheit

1. Der Sarg, Karte Nr. 8, kündigt ein Ende an, der Tod einer Person oder einer Beziehung oder einer ernsten Krankheit.
   Dieses Leid ist durch jemanden verursacht, der tüchtig von dieser Situation profitiert hat: Karte Nr. 14, Fuchs.
   Das ganze hat die Fragerin viel Geld gekostet: Karte Nr. 34, Fische.
   Schlußfolgerung:
   Die Dame hat unter ernstlichen Belastungen gelitten, die Ihren finanziellen Ruin herbeigeführt haben und die durch eine schlaue und raffinierte Person verursacht worden sind.
2. Der Mond, Karte Nr. 32, kommt als nächstes auf ihrem Weg, wobei sie viel Widerstand gespürt hat: Karte Nr. 2, Kleeblätter, die unter den Wolken, Karte Nr. 6 liegen.
   Sie mußte ihre Bemühungen aufgeben: Karte Nr. 10, Sense.
   Schlußfolgerung:
   Die Ratsucherin hat viel Widerstand in ihrem Berufsleben gehabt, wodurch sie aus der Bahn geworfen wurde.

Beispiel für der Schlüsselwortmethode

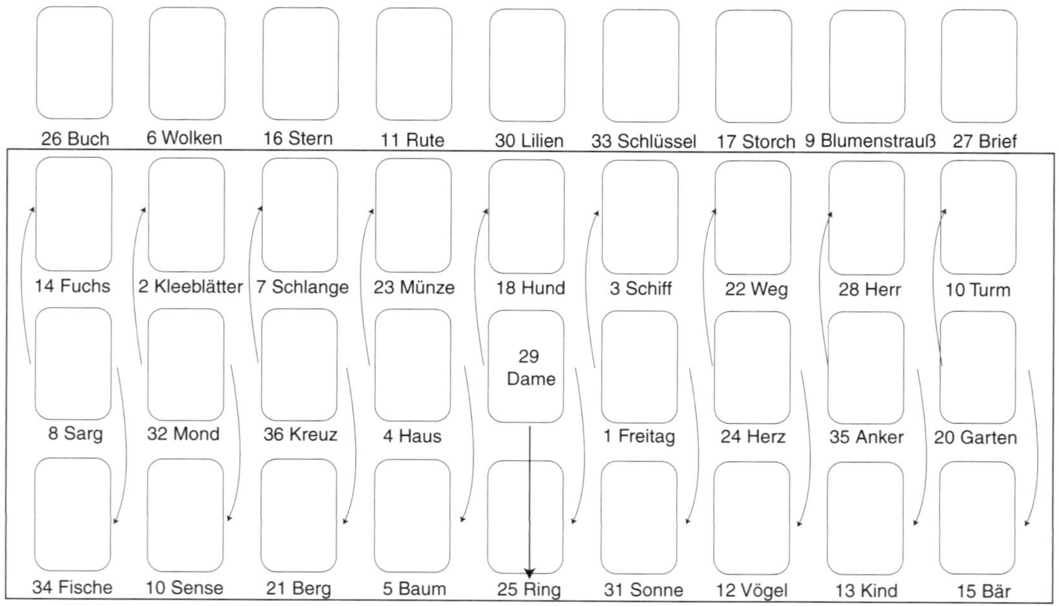

3. Das Kreuz, Karte Nr. 36, kündet von Einsamkeit und stillem Verdruß. Einem bestimmte Episode in ihrem Leben wurde abgeschlossen.
   Sie stößt auf Widerstand, und das Leben wird ihr durch einen versteckten Feind schwer gemacht: Karte Nr. 21, Berg.
   Karte Nr. 27, Schlange, die sich oberhalb des Kreuzes, Karte Nr. 36, befindet, deutet auf Verrat und Mißgunst an.
   Jemand ist sehr eifersüchtig auf diese Dame.
   Schlußfolgerung:
   Eine bestimmte Episode in ihrem Leben wird abgeschlossen. Dieser Abschnitt hat mit Widerstand auf ihrem Berufsweg zu tun (Verlust der Arbeit). Die Ratsuchende hat viel gelitten unter der Mißgunst und der Eifersucht eines entschlossenen Feindes.
4. Das Haus, Karte Nr. 4, bedeutet im allgemeinen das eigene Nest, das einem Schutz und Sicherheit bietet.
   Die Mäuse, Karte 23, jedoch, die sich oberhalb des Hauses, Karte Nr. 4, befinden, haben an ihrer Lebensenergie genagt.
   Dies wird noch einmal unterstrichen durch Karte Nr. 11, Rute, die sich oberhalb der Mäuse befindet. Die Rute steht für Zwist und Streit; auch für chronische Krankheiten, die viel Beschwernis verursachen.
   Es kann auch sein, daß bestimmte Dinge in diesem Haus auf eine leise und unauffällige Weise abhanden gekommen sind.
   Der Baum, Karte Nr. 5, die unter dem Haus liegt, spricht von Krankheiten in diesem Haus.
   Schlußfolgerung:
   Die Dame ist krank gewesen, sie war das Opfer von Fieberschüben oder von chronischen Krankheiten, weshalb sie das Bett hüten mußte. Und es ist auch nicht unwahrscheinlich, daß man ihr gewisse Gegenstände weggenommen hat.

Die Gegenwart

5. Die Dame, Karte Nr. 29, erhält Hilfe und Unterstützung von einem zuverlässigen Freund, Karte Nr. 18, Hund, der sie beschirmt und ihr Glück bringt, Karte Nr. 30, die Lilien. Diese Freundschaft wird in einer glücklichen Heirat münden, wie Karte Nr. 25, der Ring, deutlich macht, die sich unter der Karte der Dame befindet.

Schlußfolgerung:
Eine treue Freundschaft mündet in eine glückliche Ehe.

Die Zukunft

6. Der Reiter, Karte Nr. 1, bringt eine wichtige Neuigkeit für die Fragerin. Diese Botschaft kündigt eine bevorstehende Reise an: Karte Nr. 3, das Schiff, was der Fragenden viel Glück und Sonnenschein in ihrem Leben bescheren wird: Karte Nr. 31, die Sonne.
   Schlußfolgerung:
   Die Dame wird eine wichtige Neuigkeit erfahren betreffs einer Reise, zu der sie eingeladen wird und wodurch sie viel Glück erleben wird. Sie erfährt wieder Mut und Sinn in ihrem Leben.
7. Das Herz, Karte Nr. 24, kündigt Liebe an, Liebe die durch jemanden verschenkt wird, die oder der viel an sie denkt: Karte Nr. 12, Vögel. Sie wird dann an einen Kreuzungspunkt in ihrem Leben kommen, an dem sie eine Wahl zu treffen hat: Karte Nr. 22, Weg.
   Schlußfolgerung:
   Die Dame wird vor die Wahl gestellt, und diese Entscheidung hängt mit einer geliebten Person zusammen.
8. Der Anker, Karte Nr. 35, macht Hoffnung und Vertrauen in die Zukunft, und das in Zusammenhang mit der geliebten Person, Karte Nr. 28, Herr.
   Sie ist in guter Gesellschaft: Karte Nr. 13, Kind, was außerdem die Geburt von einem Kind für die Fragerin bedeuten kann.
   Schlußfolgerung:
   Die Dame wird schlußendlich ihren Anteil und ihren Frieden finden in diesem Leben.
9. Der Garten, Karte Nr. 20, kündet von einer angenehmen und kunstreichen Umgebung, in der es ihr gutgehen wird.
   Die Dame wird ihre eigenen Talente entwickeln und Kontakt kommen mit künstlerischen und bekannten Persönlichkeiten, Karte Nr. 19, Turm, und ein reicherfülltes Leben führen.
   Karte Nr. 15, der Bär, spricht von ihrer inneren Kraft und von mütterlichen Sorgen. Die Fragerin wird für ein Kind sorgen dürfen.

Schlußfolgerung:
Die Dame soll ein erfülltes, kreatives Leben haben, wobei sie ein Kind zu versorgen haben wird.

Allgemeine Schlußfolgerung

Nachdem wir durch diese Schlüsselwortmethode für jede Karte eine Schlußfolgerung gezogen haben, können wir nach einer allgemeinen Zusammenfassung der Auslage fragen. Wir müssen dabei berücksichtigen, daß manche Karten eine weitere Erklärung benötigen und daß wir nach den Karten schauen müssen, die wir bisher noch nicht besprochen haben.
Hier nun die allgemeine Zusammenfassung für Vergangenheit, Gegenwart und Zukunft:

Die Vergangenheit

1. In der Vergangenheit hatte die Dame ernsthafte Mühen, die sie auch finanziell ruiniert haben, verursacht durch eine schlaue und raffinierte Person. Aller Wahrscheinlichkeit nach hat dies alles mit einer Erbschaft zu tun: Karte Nr. 26, Buch, wodurch jemand, wahrscheinlich aus dem täglichen Bekanntenkreis, sie schändlich betrogen und ausgenutzt hat.
2. Die Dame hat Enttäuschungen und Widerstände auf ihrem Berufsweg gehabt, wodurch sie ihre Arbeit aufgeben mußte.
3. Ein bestimmter Abschnitt im Leben der Fragerin wurde definitiv abgeschlossen. Diese Etappe hatte mit dem Widerstand auf dem Berufsweg der Dame zu tun.
   Sie hatte unter der Eifersucht und der Mißgunst von einem ernsthaften Gegner zu leiden.
4. Die Dame ist krank gewesen oder war das Opfer von chronischen Krankheiten oder langandauernden Fieberanfällen, die ihre Widerstandskraft geschwächt haben, wodurch sie das Bett hüten mußte.
   Es ist nicht unwahrscheinlich, daß man kleine Gerätschaften aus ihrem Hause entfernt hat, wodurch wiederum der Streit entstanden ist: Karte Nr. 11, Rute.

Die Gegenwart

5. Eine treue Freundschaft mündet in eine glückliche Ehe.
   Ein ernsthafter Mann denkt daran, sie um die Heirat zu bitten. Er ist wahrscheinlich älter als die Fragerin oder gibt sich älter, als er in Wirklichkeit ist. Diese Heirat wird eine große Rolle im Leben der Fragerin spielen.

Die Zukunft

6. Die Dame wird eine wichtige Nachricht bekommen, die in Zusammenhang mit einer Reise steht, zu der sie von dem Menschen, der sie liebt, eingeladen wird.
   Diese Reise wird neue Türen für sie öffnen: Karte Nr. 33, Schlüssel. Sie erhält und bewahrt ihren guten Humor und schaut optimistisch in das Leben.
7. Die Dame muß eine Wahl treffen in Zusammenhang mit der Person, die sie liebt.
   Sie wird an einen Kreuzungspunkt in ihrem Leben gelangen und muß wichtige Entschlüsse fassen. Diese Entscheidungen werden große Veränderungen in ihrem Leben und einen Umzug mit sich bringen: Karte Nr. 17, Storch.
8. Die Dame wird durch den geliebten Menschen überschüttet mit Geschenken. Schließlich wird in ihrem Leben Frieden und Zufriedenheit einkehren. Auch wird hier ein Kind angekündigt.
9. Die Dame wird sich eines erfüllten und kreativen Lebens in der Gesellschaft von bekannten Persönlichkeiten erfreuen, oder sie selbst wird ihre Talente soweit entwickeln, wodurch sie weit kommen wird. Ihr wird auch die Sorge für ein Kind anvertraut.

Nachdem wir die allgemeine Schlußfolgerung mit der Schlüsselwortmethode abgeklärt haben, besitzen wir ein viel breiteres Gesichtsfeld für die Probleme der Ratsuchenden.
Nun ist der Augenblick gekommen, in dem wir einen vollständigen Rat erteilen können.
Gewappnet mit dem Schlüsselwortsystem und der gerade bekandelten Kreuz-Auslage nach Gegenwart, Vergangenheit und Zukunft, können wir die karmischen Ursachen, die im Leben der Fragerin eine

große Rolle spielen, und die Möglichkeiten, die sie hat, um jetzt tatkräftig für ihr Glück zu arbeiten, besser zu belichten.
Wir können nun tiefer eingehen auf bestimmte Fragen, die sich der Fragerin stellen. Wenn sie mehr über den Partner wissen will, dann müssen wir nur auf die Karten achten, die ihn umringen, und können seine Persönlichkeit und seine Begabungen deuten.
Zur besseren Deutlichkeit geben wir im folgenden nun eine solche Interpretation mit ihren Querbezügen ausführlich wieder.

4. Das Kreuz des Schicksals oder Karma-Kreuz

So, wie das Hauptkreuz die großen Linien von Vergangenheit, Gegenwart und Zukunft zeichnet, so gibt das Kreuz des Schicksals oder das Karma-Kreuz Einblick in das Karma, die Vorgeschichte, in dessen Wirkungskreis der oder die Ratsuchende in diesem Leben steht.
Was bedeutet Karma?
Karma ist die Summe aller Ursachen und Folgen, von allem, was Sie je getan haben in früheren Leben und in diesem Leben.
Man könnte es auch eine offene Rechnung nennen, von allen positiven und negativen Taten, die sie in ihrem vorherigen Leben getan haben. Karma ist, was noch offen ist und abgearbeitet werden muß.
Wann immer sie einen positiven und negativen Gedanken haben oder eine entsprechende Tat vollbringen, erhalten Sie eine bestimmte Reaktion darauf. Die Herren des Karma sorgen dafür, daß Sie in bestimmte Situationen geraten, für die Sie zum großen Teil in ihren früheren und im heutigen Leben selbst gesorgt haben.
Mit dem Karma-Kreuz gehen wir tiefer in diese Ursachen und Folgewirkungen von Vergangenheit, Gegenwart und Zukunft bezogen auf den Frager ein.
Die Karten zeigen Situationen an, die die Konsequenz sind von den Taten und Gedanken aus der Vergangenheit.

Wir haben hier eine Abbildung eingefügt, um die Methode deutlich und klar zu machen. Wie Sie sehen, gehen wir wieder von der Personenkarte aus.
Von hier aus ziehen wir zwei diagonale Linien, eine nach oben und eine nach unten.

Das Kreuz des Schicksals oder Karma-Kreuz

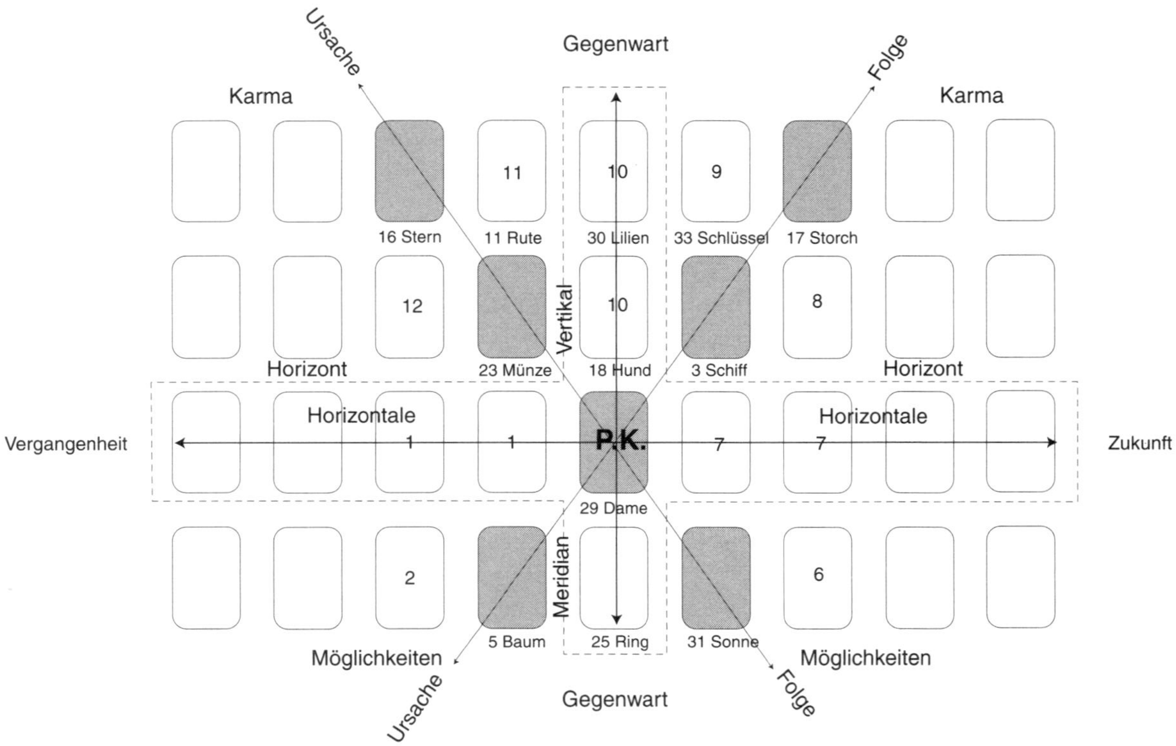

Alle Karten, die oberhalb der horizontalen Linie mit der Personenkarte kommen, fallen in den Bereich des Karma.
Die Karten, die unterhalb der horizontalen Linie mit der Personenkarte sich befinden, liegen in dem Bereich der persönlichen Einflußmöglichkeiten.
Die Diagonale, die von links unten nach rechts oben verläuft, gibt links die Ursachen wieder und rechts die Folgen.
Die Diagonale jedoch, die von links oben nach rechts unten weist, zeigt links die Ursachen und rechts die Folgen an.
Die Karten links von der Personenkarte stellen die Ursachen in der Vergangenheit dar, wobei die Karten, die unter der horizontalen Linie liegen, die Möglichkeiten ausweisen, und die Karten oberhalb der Horizontalen das Karma oder das, was über den direkten Einflußbereich hinausgeht.
Die Karte rechts von der Personenkarte geben die Folgen wieder, die in der Zukunft liegen; dabei stellen die Karten, die oberhalb der horizontalen Linie mit der Personenkarte liegen, die karmischen Folgen dar und jene Karten, die unterhalb derselben Linie plaziert sind, die Folgen für die eigenen Handlungsmöglichkeiten.
Zur weiteren Erläuterung geben wir ein Beispiel.

Beispiel für ein Kreuz des Schicksals oder Karma-Kreuz

Wenn wir von der Personenkarte, der Fragerin, ausgehen, sehen wir, daß in der Vergangenheit im Bereich des Karma die folgenden Karten liegen: Nr. 23, die Mäuse, und 16, der Stern.
In der Zukunft liegen im Karmabereich zwei Karten: Nr. 3, das Schiff, und 17, der Storch.
Der Karmabereich stellt die Situationen und Geschehnisse dar, die jenseits unseres Fassungsvermögens liegen und die wir nicht richtig eingreifen können. Hier überkommt es uns.
Wir interpretieren folgendermaßen:
In der Vergangenheit hat die Fragerin Glück und Erfolg mit bestimmten Unternehmungen gesucht (Stern).
Sie wurde daran jedoch durch chronische Krankheiten gehindert, die ihre Energie und ihre Schaffenskraft unterminierten. Dazu kam noch, daß Menschen in ihrer Umgebung sie ausgenutzt haben. Es wurden kleine Stücke von ihrer Lebensenergie und ihren Energievorräten

Beispiel für ein Kreuz des Schicksals oder Karma-Kreuz

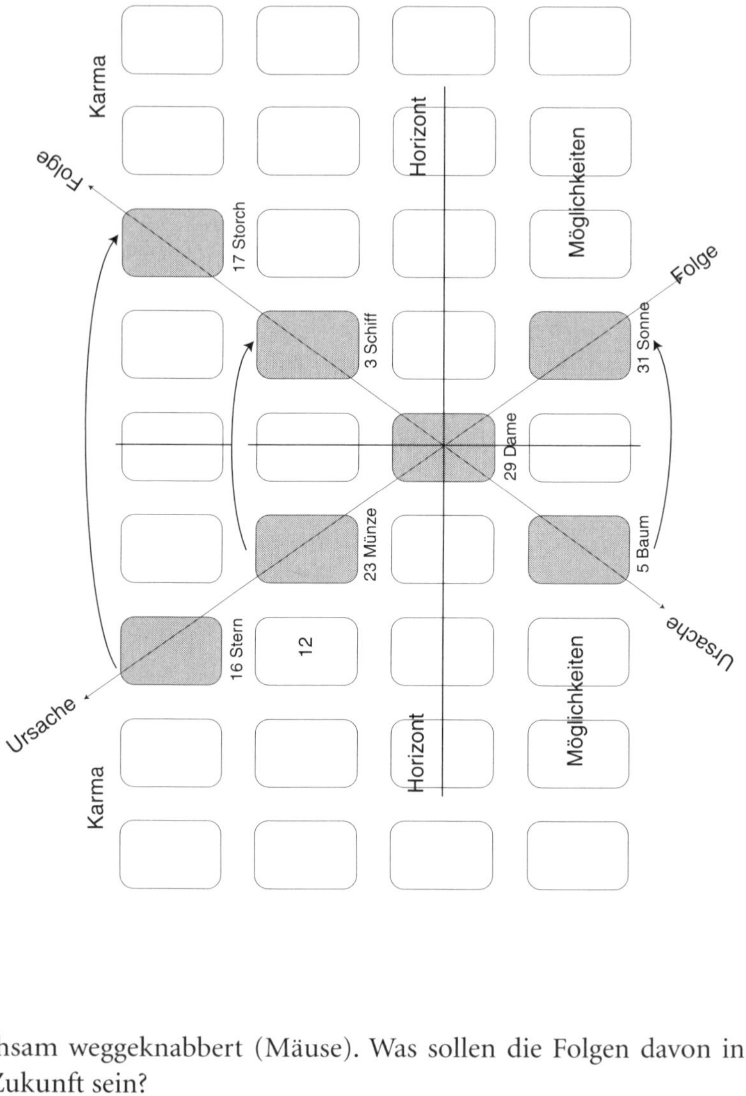

gleichsam weggeknabbert (Mäuse). Was sollen die Folgen davon in der Zukunft sein?

Karte Nr. 23, Mäuse, die Verluste oder Diebstahl bedeuten, gehen als Folge hervor und besagen, daß die Fragerin auf der Hut sein muß, wenn sie nun auf Reisen geht. Sie muß sehr auf Gewinn und Verlust achten (Schiff).

Beispiel für ein Hauptkreuz und ein Kreuz der Schikals zusammen

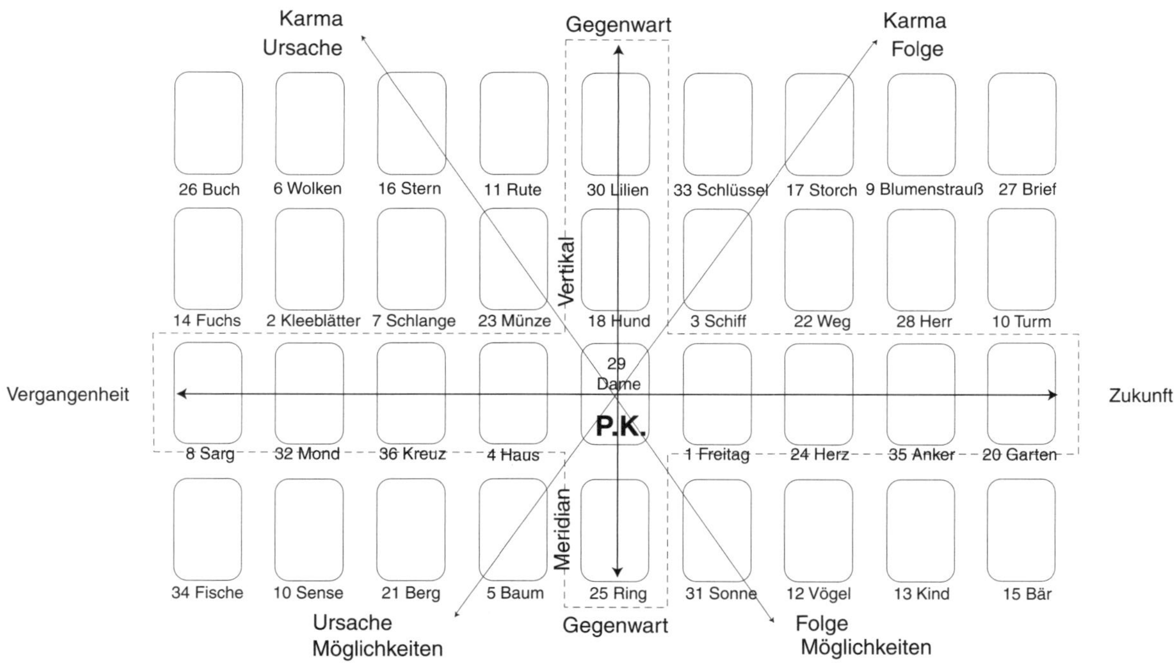

Karte Nr. 16, Stern, stellt Willenskraft, Popularität und Erfolg in den Mittelpunkt, die als Folge eine totale Umkehr und Veränderung in der Lebenssituation der Fragerin bewirken werden.
Wenn wir nun nach der Entwicklung der Zukunft schauen, dann sehen wir, daß eine bevorstehende Reise (Schiff) eine totale Umkehr im Leben der Fragerin zuwege bringt (Storch).
Welche Handlungsmöglichkeiten besitzt die Fragerin, um die Folgen ihres Karma aus der Vergangenheit zu beeinflussen und zu steuern?
Wir schauen nach den Karten, die unterhalb der Horizontlinie liegen.
In der Vergangenheit liegt eine Karte: der Baum, Karte Nr. 5, sie ist geschwächt gewesen durch ihre Gesundheit, aber sie weiß, damit umzugehen.
Die Fragerin hat einen positiven Blick auf das Leben entwickelt. Als Folge davon, wird sie der Zukunft optimistisch entgegentreten. Ihre Zukunft sieht sonniger aus (Sonne).
Die Handlungsmöglichkeiten, um ihre Gesundheit zu regeln, bestehen darin, daß sie auch positiv und optimistisch bleibt.
Wenn sie ihr Leben positiv betrachtet, verändert sich unmerklich ihre Lebenssituation. Das ist nun einmal ein kosmisches Gesetz. Viel Leid hängt von uns selber ab. Wichtig ist die Art, wie wir das Leben betrachten.
Nun können wir auch die Beziehung verfolgen zwischen den Karten, die die Vergangenheit zeigen, einerseits und den Karten für die Zukunft andererseits.
Dabei können wir die Schlüsselwortmethode anwenden.
In der Vergangenheit hat die Fragerin Erfolg und Glück mit einer bestimmten Unternehmung gesucht(Stern). Sie wurde durch ihre Gesundheit gehindert und insgeheim durch Menschen in ihrer Umgebung bestohlen (Baum und Mäuse).
In der Zukunft erwartet sie eine Reise (Schiff), die ihr Leben tiefgreifend verändert (Storch) und wodurch die Zukunft in einer sonnigen Perspektive erscheint.

Das mittelalterliche Horoskop mit zwölf Häusern oder das Astrologische Kreuz

Die Methode des mittelalterlichen Horoskops gibt die Psyche und das Karma der oder des Ratsuchenden wieder.
Hierbei verbinden wir die Bedeutung von jeder Karte mit der Symbolik der zwölf astrologischen Häuser und der zehn astrologischen Planeten.
Die zwölf Häuser werden bestimmt durch die Karten, die die Personenkarte in der Auslage umringen.
Jede Karte wird durch einen Planeten regiert (siehe Tabelle: *Die Entsprechung von Planeten und den 36 Lenormand-Karten*, auf Seite 162-164).
Das astrologische Kreuz bezieht sich auf die zwölf Häuser. Was sind nun diese astrologischen Häuser?
Wie der Himmel in zwölf Tierkreiszeichen aufgeteilt ist, so sagte Petosiris in der Antike, so müssen wir die Erde auch aufteilen in zwölf Häuser, die eigentlich eine Projektion der zwölf Tierkreiszeichen auf bestimmte Orte auf der Erde zu bestimmten Zeitpunkten sind.
Diese Projektion der Tierkreiszeichen auf die Erde, berechnet nach der jeweiligen Zeit, nennen wir die Häuser.
Das Horoskop wird aufgeteilt nach zwölf Häusern, die jeweils bestimmte Eigenschaften haben. Wir geben hier nur kurz die Bedeutung der einzelnen Häuser an.

1. Die zwölf Häuser

Haus 1: Persönlichkeit, das Äußere, der Charakter und die Konstitution des Fragers.

Haus 2: die ökonomische, wirtschaftliche Stellung, das finanzielle Vermögen und die Haushaltsgegenstände des Fragers, kurz, sein Geld und sein Besitz.

Haus 3: die persönlichen Beziehungen und Verbindungen des Fragers, seine Kontakte und seine Beziehungen innerhalb der Familie, zu Nachbarn, die Gastfreundschaft zu anderen; es bezieht sich im weiteren auf Briefe, Ausflüge, Dokumente, Bücher, Erziehung und die Gedanken.

Haus 4: Elternhaus, das Verhältnis zu den Eltern und zum Vaterland, das eigene Nest, die Heimat, Immobilien, das Heim für die eigenen alten Tage sowie die Mutter.

Haus 5: das Haus der Kinder. Liebschaften, amouröse Abenteuer, Lebensfreude, Großzügigkeit und gesellschaftliche Kontakte.

Haus 6: die Lebenskraft, die Gesundheit, die Bereitschaft zu dienen und die Beziehungen zu, der Umgang mit Untergebenen.

Haus 7: das Haus der Heirat und der Partnerschaft. Gemeinsamkeiten, Freundschaft oder Feindschaft.

Haus 8: das Haus des Todes, der Schenkungen und der Erbschaften, der Testamente usw.; dieses Haus steht auch für Geld, das man durch Heirat oder ein anderes Bündnis gewinnt.

Haus 9: das Haus der höheren Gedanken, der Abstraktion und der Philosophie, der spirituellen Erziehung, der Religion, der Spiritualität, der Träume, der weiten Reisen, des Fremden, das Gesetz und die Wahlverwandschaft.

Haus 10: Beruf und Position im öffentlichen Leben, Ehrgeiz, Berufserfolg und Unterstützung, Ehrerbietung, Arbeitgeber, die Vorgesetzten, die Eltern.

Haus 11: Freunde und Kollegen und all die Freude oder die Trauer, die sie verursachen, gleichzeitig Gewinne und Verluste.

Haus 12: Karma des Betreffenden, versteckte Feindschaft, Selbstzerstörung, Geheimnisse, Verrat, Isolierung, Feindschaft und Widerstände, aber auch Hilfe und Leidenschaften.

Die Eckpunkte eines Horoskops sind das erste, das vierte, das siebte und das zehnte Haus. Hiermit korrespondieren die kardinalen Zeichen Widder, Krebs, Waage und Steinbock.
Die folgenden Häuser sind das zweite, das fünfte, das achte und das elfte, die mit den sogenannten feten Zeichen korrespondieren: Stier, Löwe, Skorpion und Wassermann.
Die weiteren Häuser sind das dritte, das sechste, das neunte und das zwälfte, die wiederum den sogenannten beweglichen Zeichen entsprechen: Zwillinge, Jungfrau, Schütze und Fische.

Wenn wir nun nach der Bedeutung fragen, erkennen wir, daß das Hauptkreuz den vier Eckhäusern entspricht. Sie sind die wichtigsten Häuser im Horoskop, weil sie das Rückgrat eines Horoskops bilden. Das erste, das vierte, das siebte und das zehnte Haus sind diese vier Eckhäuser. Die Karten, die bei der Auslage „Schicksalskreuz" auf die verbleibenden Häuser fallen, beeinflussen die Häuser und sollen daher auch so interpretiert werden.
Zugleiich muß man jedoch darauf hinweisen, daß unsere Auslage „Schicksalskreuz" nichts mit dem festen oder dem beweglichen Kreuz aus der Astrologie zu tun hat.

2. Die zehn Planeten

Der Stand der Tierkreiszeichen in den 12 Häusern ergibt jeweils 12 verschiedene Möglichkeiten. Man kann sich das so vorstellen, daß die 12 Tierkreiszeichen auf die 12 Häuser einwirken, wobei Zeichen und Häuser miteinander in Wechselwirkung stehen.
Die Planeten verstärken noch einmal die Bedeutung des Hauses, in dem sie stehen - mehr noch als das jeweilige Tierkreiszeichen.
Die Planeten bestimmen Persönlichkeit und Charakter in den einzelnen Zeichen und für die das gesamt Horoskop.
Wir wollen die Eigenschaften der zehn Planeten einmal genauer betrachten:

Sonne

- gibtdie Individualität und den Charakter der Persönlichkeit wieder
- ist Zentrum allen Lebens
- stellt den Gatten oder den Mann dar

Mond

- gibt die Persönlichkeit des Fragers wieder,
- bestimmt die Form;
- Veränderlichkeit, Gefühlsleben und Vorstellungskraft gehören zu diesem Planeten;
- stellt die Gattin oder die Frau dar

Merkur

- betrifft den Verstand, die Kommunikation und das Redevermögen
- steht für Handel und für kurze Reisen

Venus

- ist natürlich der Planet der Liebe, der Schönheit und der Beziehungen
- steht für gemeinschaftliche und caritative Werke und für das Gefühl für Kunst und Ästhetik.

Mars

- gibt Tatkraft und Energie, Passion und Handlung wieder
- zeigt Leidenschaft und Streit an

Jupiter

- Ausdehnung, Ausbreitung und Bewußtsein sowie Religion, höhere Einsichten und große Reisen sind hier angezeigt

Saturn

- Konzentration und Begrenzung,
- das Recht und die soziale Stellung werden deutlich

Uranus

- gibt Intuition und Brüderlichkeit, Originalität und Altruismus an

Neptun

- stellt Idealismus und Inspiration dar
- auch Hellsicht, Mystik, Selbstaufopferung und Mitleid

Pluto

- bezeichnet Transformation und Willen, Wiedergeburt und Verwandlung

3. Die Entsprechung von Planeten und den 36 Lenormand-Karten

Nach Madame Lenormand stimmt der Wert der einzelnen Karten jeweils mit einem Planeten oder Tierkreiszeichen überein.
In der folgenden Tabellen können Sie diese Entsprechungen erkennen.
Dadurch wird die Auslage der Karten nach dem Mittelalterlichen Horoskop mit 12 Häusern leicht deutbar.

1. Reiter	Nachrichten, Besuche	Herz neun	Merkur
2. Kleeblätter	Stilles Glück, Hoffnung,	Karo sechs	Neptun
3. Schiff	Reisen, Handel,	Pik zehn	Jupiter
4. Haus	der häusliche Herd, Wohlstand im Haus,	Herz-König	Mond
5. Baum	Gesundheit,	Herz sieben	Merkur
6. Wolken	Hindernisse,	Kreuz-König	Saturn
7. Schlange	Unheil, Verrat, Neid,	Kreuz-Dame	Pluto
8. Sarg	Ende, Tod, Untergang,	Karo neun	Pluto
9. Blumenstrauß	Geschenk, vollkommenes Glück,	Pik-Dame	Jupiter
10. Sense	Gefahr, Bruch, Ende,	Karo-Bube	Pluto
11. Rute	Zwietracht, Streit, lange Krankheit,	Kreuz-Bube	Mars
12. Vögel	Schwierigkeiten, Gedanken, Glücksfälle, Inspiration,	Karo sieben	Neptun
13. Kind	Kind, Gesellschaft, Schutz, Vertrauen, Wunsch,	Pik-Bube	Mond
14. Fuchs	Mißtrauen, Schläue, List,	Kreuz neun	Merkur
15. Bär	Mutter, Kraft, Hilfe, Glück,	Kreuz zehn	Mond
16. Stern	Geburt, Fortschritt, Popularität,Erfolg, Veranlagung, Wille,	Herz sechs	Jupiter
17. Storch	Veränderung, Umzug,	Herz Dame	Jupiter
18. Hund	Treue, Freundschaft, Wachsamkeit,	Herz zehn	Venus
19. Turm	Lebenslauf, Bekanntheit,	Pik-As	Jupiter
20. Garten	Umgebung, Kreativität, Popularität,	Pik 8	Venus
21. Berg	Feind, Widerstand,	Kreuz acht	Saturn
22. Weg	Kreuzungspunkt im Leben, Wahl,	Karo Dame	Venus
23. Mäuse	Verlust, Diebstahl,	Kreuz sieben	Merkur
24. Herz	Liebhaber, Liebe, Glück,	Herz Bube	Venus
25. Ring	Hochzeit, Vereinigung,	Kreuz As	Venus
26. Buch	Studium, Geheimnis,	Karo zehn	Saturn
27. Brief	Nachrichten, Dokumente,	Pik sieben	Merkur
28. Herr	Fragesteller, Partner, Freund,	Herz As	Sonne
29. Dame	Fragestellerin, Partnerin, Freundin,	Pik As	Mond
30. Lilien	Vater, Glück, Unterstützung, Schutz, Förderung,	Pik König	Sonne
31. Sonne	Vermögen, Optimismus, Intuition,	Karo As	Sonne
32. Mond	Fortschritt in der Gesellschaft,	Herz acht	Mond

33. Schlüssel	Ein Neubeginn, Erfolg, Lösung,	Karo acht	Uranus
34. Fische	Reichtum, Gewinne, Vermehrung,	Karo König	Jupiter
35. Anker	Verlangen, Treue, Heimathafen, Sicherheit,	Pik neun	Neptun
36. Kreuz	Leid, Unglück, Ende eines Zeitraums,	Kreuz sechs	Pluto

4. Kartenlegen nach dem Mittelalterlichen Horoskop mit 12 Häusern

1. Zuerst schauen wir, wo die Personenkarte liegt.
2. Von der Personenkarte aus ziehen wir das Hauptkreuz und das diagonale Kreuz.
3. Um nach den Tierkreiszeichen zu schauen, müssen wir ein Viereck um die Karten zeichen, die direkt neben der Personenkarte liegen (vgl. Abbildung).
   Dieses Viereck ist das Herz dieser Auslage, und die Karten, die darin liegen, stehen direkt in Beziehung zu den umgebenden Häusern.
   Die Karten des Hauptkreuzes berühren das erste, das vierte, das siebte und das zehnte Haus.
   Die Karten des Schicksalkreuzes berühren nur im oberen Bereich der Auslage die astrologischen Häuser. Dies sind das achte, das neunte, das elfte und das zwölfte Haus.
4. Wir beziehen in die Deutung nur die Karten ein, die direkt mit den Häusern in Kontakt stehen. Die Häuser, die nicht vorkommen, nennen wir "leere" Häuser. Das sind hier Themen und Gebiete, über die in der betreffenden Auslage nichts zu erfahren ist.
5. In dem Viereck grenzen die Karten des Schicksalkreuzes an die vier Eckhäuser. Sie werden daher entsprechend gdeutet.

Beispiel für das Mittelalterliche Horoskop mit 12 Häusern

Ausgehend von der Personenkarte beginnen wir, im Viereck nach außen zu deuten, und zwar entlang des Hauptkreuz und dann des Schicksalkreuzes.

Die Karten des Hauptkreuzes werden zuerst gedeutet.

Sie befinden sich beim ersten, vierten, siebten und zehnten Haus.

Das Mittelalterliche Horoskop mit 12 Häusern

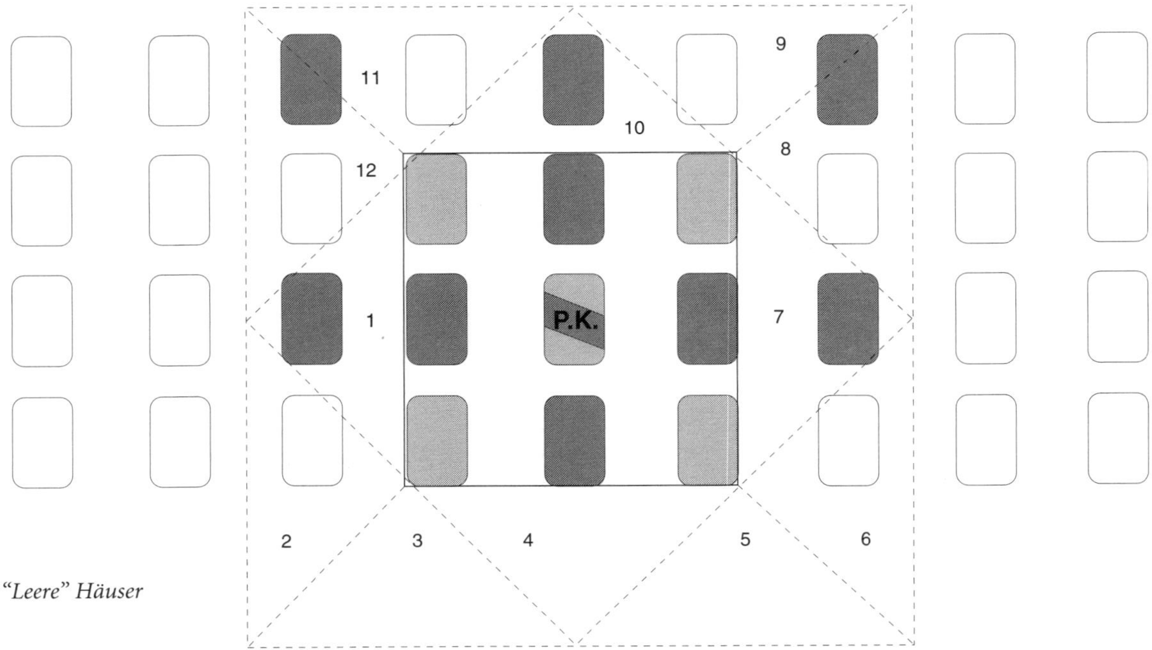

3. Haus
4. Haus "Leere" Häuser*
5. Haus

** "Leere" Häuser sind die Lebensgebiete, über die in dieser Auslage nichts zu erfahren ist.*

Beispiel für das Mittelalterliche Horoskop mit 12 Häusern

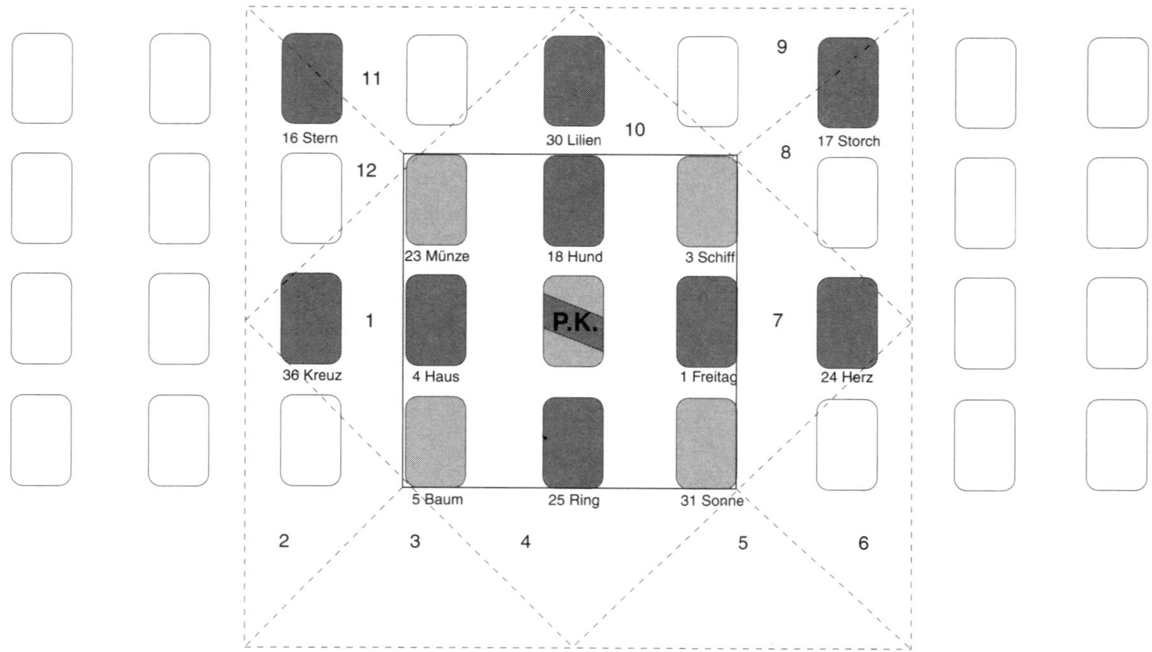

Die Karten des Schicksalkreuzes befinden sich oben links am Schnittpunkt von erstem, zehntem, elftem und zwölftem Haus. Rechts oben liegen sie am Schnittpunkt von siebtem, achtem, neuntem und zehntem Haus.
Rechts unten befinden sie sich am Schnittpunkt von viertem, fünftem, sechstem und siebtem Haus. Und links unten befinden sie sich an der Ecke von erstem, zweitem, drittem und viertem Haus.
Zur Interpretation schauen wir zunächst nach der Bedeutung der Karten selbst und zusätzlich nach der Bedeutung der Häuser.
Das zusammen soll nun einmal am Beispiel demonstriert werden:

Die Karten des Hauptkreuzes

Das erste Haus:
Im Zentrum des ersten Hauses stehen
Karten Nr. 4, Haus, und Nr. 36, Kreuz.
Zunächst zu Karte Nr. 4, Haus:
Die Fragerin hat einen freundlichen und vertraulichen Charakter. Sie hält auf eine gemütliche und gesellige Umgebung, und durch ihre warme und besorgte Art bemuttert sie jeden, dem sie verbunden ist; ihr Haus spiegelt sie selbst wider.
Sie schafft eine angenehme Atmosphäre, in der sich jeder wohlfühlt. Ohne Frage ist sie sehr beliebt und viele kommen zu ihr zu Besuch.
Dann die Karte Nr. 36, Kreuz:
Diese Karte im ersten Haus zeigt einen Menschen, der nach außen herzlich und freundlich ist, aber im Innern von Gefühlsstürmen heimgesucht wird.
Da die Person emotional sehr geladen und zugleich recht verschlossen ist,
hält sie viel von ihrer emotionalen Erfahrung verborgen.
Sie muß aufpassen, daß es nicht zu plötzlichen Ausbrüchen kommt, weil ihre Gefühle sie sonst zu ersticken drohen.
Die Fragerin muß ihr eigenes Temperament und ihre Gefühle begreifen und verstehen, ohne sie abzuschließen.
"Jedes Häuschen hat sein Kreuzchen" kann man hier sagen, wobei deutlich wird, daß die Fragerin dann ihr Glück findet, wenn sie sich selbst annimmt und akzeptiert.

Das vierte Haus:
Im Zentrum des ersten Hauses steht
Karten Nr. 25, Ring.
Die Ehe und der Partner spielen eine große Rolle im Leben der Fragerin.
Ihr Haus ist ihr Königreich, in das sie sich zurückzieht. Ihre Beziehung zu den Eltern ist sehr gut, vor allem die Beziehung zur Mutter.
Die Fragerin wird Eigentum von den Eltern erben.
Sie wird mit ihrem Partner glücklich werden und einen gemütlichen Lebensabend erleben.

Das siebte Haus:
Hier stehen
Karten Nr. 1, Reiter, und Nr. 24, Herz.
Die Fragerin bekommt eine neue Nachricht, bei der es um die Liebe geht.
In ihrem Beruf wird sie gut mit ihren Kollegen auskommen.
Ihr Partner wird eine große Entfernung überbrücken, um sie zu treffen.
Dieser ihr Geliebter wird zugleich einen Beruf ausüben, der mit Kommunikation, Nachrichtenwesen oder Transport zu tun hat.
Sie wird in der Liebe glücklich werden.
Sie soll jedoch den Kopf nicht verlieren und mit den Füßen auf dem Boden bleiben.

Das zehnte Haus:
Hier stehen
Karten Nr. 18, Hund, und Nr. 30, Lilie.
Die Fragerin ist beliebt und hat viele Freunde.
Sie hat einen guten Kontakt zu ihren Vorgesetzten und wird von ihnen unterstützt. Sie wird vorankommen und Karriere machen - in einem künstlerischen Beruf oder einem, bei dem es um Schönheit und Ästhetik geht.
Sie wird zum Beispiel im Kunsthandel oder einem Schönheitsinstitut arbeiten.
Sie wird eine gute Ehe eingehen, wahrscheinlich mit einem älteren Mann, der sie liebevoll und aufmerksam unterstützt.

Die Fragerin wird von ihren Eltern erben, vor allem von der väterlichen Linie her. Wer eine so hübsche Auslage hat, braucht sich nicht zu beklagen!

Die Karten des Schicksal- oder Karmakreuzes

Das zweite und das dritte Haus:

Karten Nr. 5, Baum, beeinflußt das zweite und das dritte Haus. Das zweite Haus betrifft Vermögen und Besitz der fragerin. Das dritte Haus zeigt Kommunikation und Austausch.

Der Baum steht jedesmal für Gesundheit.

Wegen ihrer Nervosität muß die Fragerin auf ihre Gesundheit achten.

Sie besitzt einen frischen Geist und kann gut lernen.

Allerdings muß sie genügend Ruhepausen und Entspannungsphasen einlegen.

Sie beschäftigt sich mit allem, was mit Gesundheit und Diät zu tun hat. Das kann auch heißen, daß sie eine kleine Reise zu ihrer Stärkung unternehmen muß.

Die Fragerin wird auch Geld mit verschiedenen Sachen verdienen, die die Gesundheit betreffen. Sie kann zum Beispiel Medizin, Schönheitsprodukte oder Vitamine verkaufen.

Das fünfte und das sechste Haus:

Karten Nr. 31, Sonne, beeinflußt diese Häuser.

Die Fragerin besitzt eine optimistische Lebenseinstellung.

Sie hält viel von Musik und Theater. Kinder haben einen besonderen Platz in ihrem Herzen.

Sie hat ein besonderes Geschick in puncto Erziehung und Unterricht sowie für die Organisation von Arbeiten und Festlichkeiten.

Ihre Unternehmungen werden von Erfolg gekrönt sein, da sie mit Menschen gut auskommt und bereit ist, Verantwortung zu übernehmen.

Sie muß nur ein bißchen auf ihre Gesundheit achten.

Das achte und das neunte Haus:

Karten Nr. 3, Schiff, und Nr. 17, Storch, beeinflussen diese Häuser. Im Leben der Fragerin wird es zu einer tiefgreifenden Veränderung kom-

men. Sie wird viel reisen, und es kann sein, daß sie ins Ausland zieht und vielleicht sogar dort bleibt.
Sie kann auf eine große Erbschaft rechnen - von ihrer Mutter oder ihrem Partner.
Wenn die Fragerin eine Geschäftsfrau ist, darf sie sich auf große finanzielle Erfolge freuen.
Sie hält auch viel von Philosophie und Religion. Die Fragerin sollte außerdem gut auf ihre Träume achten, sie werden eine wichtige Botschaft für sie bereithalten.

Das elfte und das zwölfte Haus:
Karten Nr. 16, Stern, und Nr. 23, Mäuse, kündigen einerseits Beliebtheit, Berühmtheit und Unterstützung von Kollegen, Angestellten, Vorgesetzten und einflußreichen Leuten an; andererseits muß sich die Fragerin vor Verlust und Diebstahl durch diese Menschen in Acht nehmen.
Vielleicht wird sie auch von einer chronischen Krankheit geplagt, die sie belastet und ihre Konstitution schwächt.
Da sie mit so vielen Menschen in Kontakt kommt, muß sie sich vor Dieben und Schmarotzern schützen.
Wenn sie jedoch ihre Kontakte und Beziehungen kontrolliert und auf einen guten Namen ihres Gegenübers achtet, kann ihr nicht viel passieren. Durch Unaufmerksamkeit könnte sie wichtige Dinge verlieren.

5. Ein Schema zur weiteren Interpretation (Kreuz-Tableau)

Mit diesem Schema fragen wir nach der Einschätzung der Situation der Fragerin und legen die weiteren Methoden der Interpretation fest.

1. Die Methode mit Neunen

Betrachten Sie zuerst die neuen Karten um die Personenkarte.

2. Die Betrachtung der Kreuze

Interpretiren Sie jede Karte für sich, die auf der horizontalen (waagerechten) und der senkrechten Linie mit der Personenkarte liegen. Benutzen Sie dabei die Schlüsselwort-Methode.

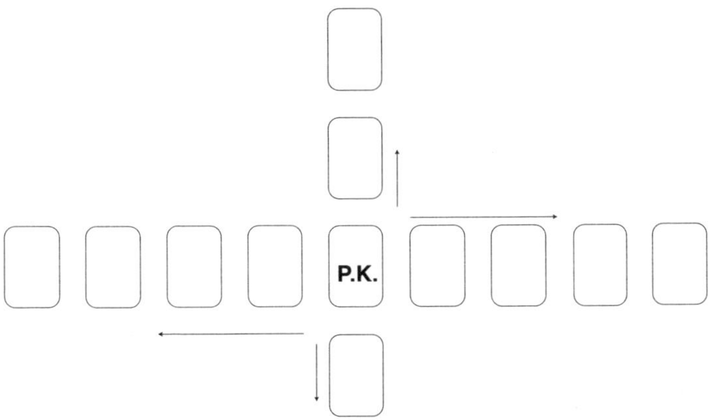

3. Vorbereitung für die Schlüsselwort-Methode

Analysieren Sie die Karten auf der horizontalen und der senkrechten Linie mit der Schlüsselwort-Methode, wobei die Karten über und unter der betreffenden Karte jeweils mitinterpretiert werden.

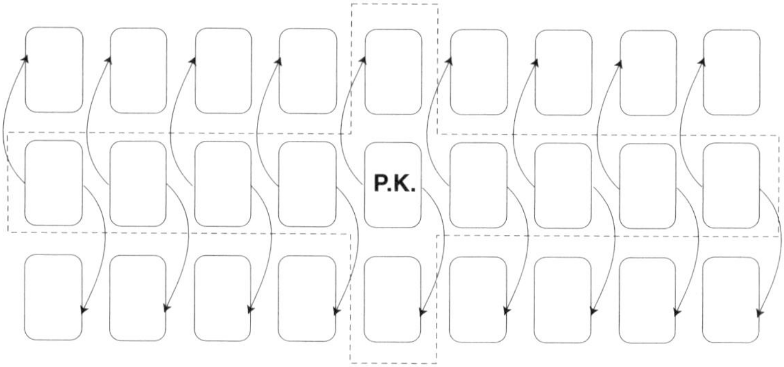

4. Anwendung der Schlüsselwort-Methode

Die Karten kommunizieren auch untereinander. Auf diese Weise erfahren Sie mehr über ein bestimmtes Thema.

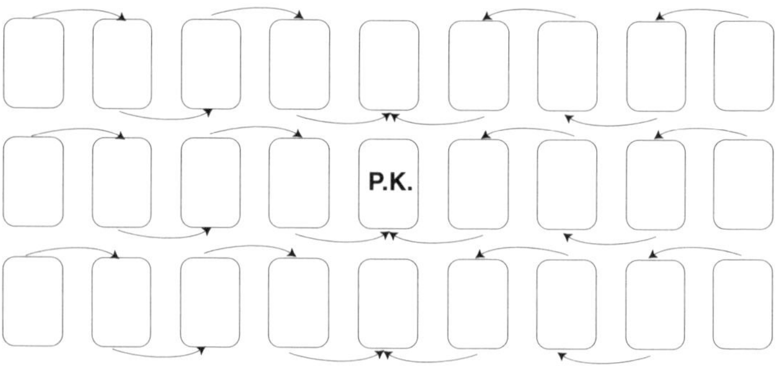

5. Das Kreuz

Untersuchen Sie die Kreuze (Querbeziehungen) in den Karten und merken Sie sich gut die Botschaft jeder Karte.

6. Das Hauptkreuz

Nutzen Sie das Hauptkreuz, um die Lebenssituation der Person, mit Vergangenheit, Gegenwart und Zukunft, zu verstehen. Dabei wird gleichzeitig die Schlüsselwort-Methode angewendet.

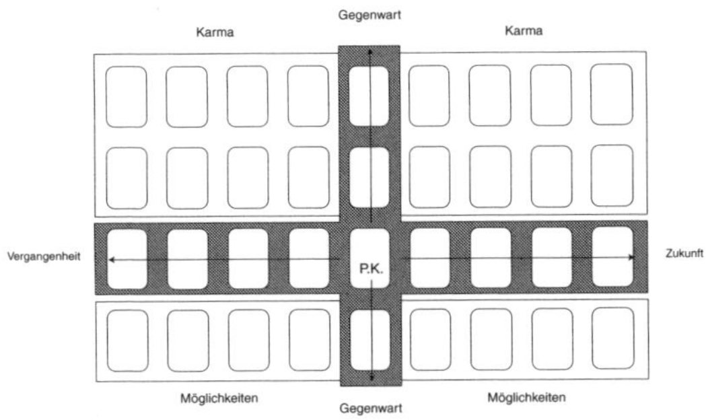

7. Das Kreuz des Schicksals oder das Karmakreuz

Interpretieren Sie das Karmakreuz, um die Ursachen und die Folgen, die Konseuenzen für die Person in Vergangenheit, Gegenwart und Zukunft zu erkennnen. Dabei soll vor allem das Karma und die Möglichkeiten, die man hat, um daruf Einfluß zu nehmen, ausgedeutet werden.

8. Das Mittelalterliche Horoskop

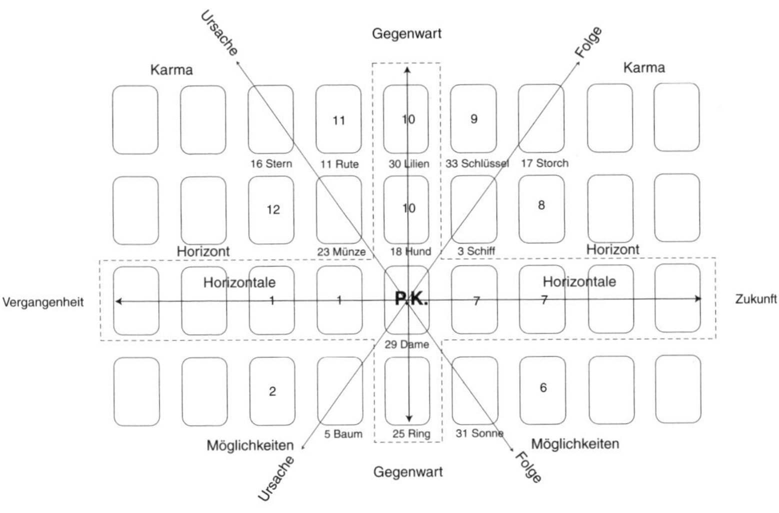

Betrachten Sie das Mittelalterliche Horoskop mit den 12 Häusern und Sie erhalten ein komplettes Bild, eine Charakteranalyse der betreffenden Person.

9. Die Fragen des/der Ratsuchenden

Nun soll der oder die Ratsuchende seine Frage äußern, worum auch immer es sich handeln mag - um einen bestimmten Gegenstand, eine Frage in bezug auf ein Kind, die Gesundheit, den Partner usw. Sie ziehen die betreffende Karten zu Rate und achten jeweils auch auf die umgebenden Karten.

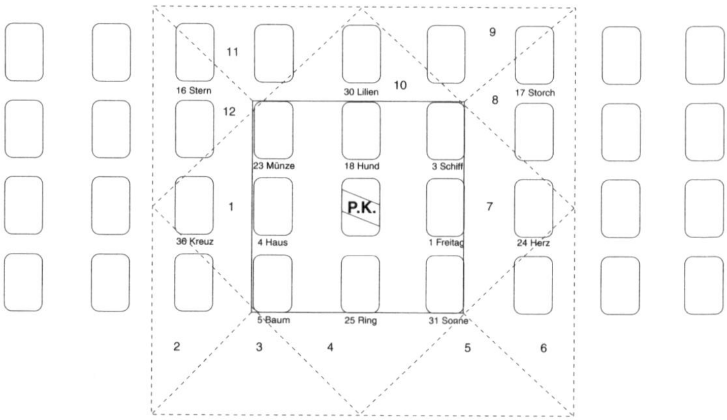

Partnerbeziehungen

1. Der Fragende und sein Partner

Wir haben verschiedene Methoden kennengelernt, die uns erklären, wie unsere Persönlichkeit im einzelnen aussieht, was unser Karma und welche unsere Handlungsmöglichkeiten sind. Wir haben Vergangenheit Gegenwart und Zukunft entschleiert und gesehen, wie wir mehr Aufschluß über bestimmte Vorgänge gewinnen können, usw.

Nun stehen wir vor dem Thema: Das Schicksal unseres Partners und wie wir mit diesem verbunden sind.

Dabei gehen wir folgendermaßen vor:

1. Wir mischen die 36 Karten, heben sie ab, wobei der unterste Stapel nach oben kommt, und beginnen die Karten vor uns auszuteilen in 4 Reihen von jeweils neun Karten.
2. Wir schauen, wo unsere Persönlichkeitskarte liegt, und wo die des Partners.
   Es ist klar, daß dabei die Karte Nr. 28, der Herr, und die Karte Nr. 29, die Dame, benutzt werden.
3. Wir brauchen danach die schon bekannten Legemethoden mit fünf, neun oder mit dreizehn Karten (vgl. oben), um eine einfache Einschätzung der gegebenen Situation und der Persönlichkeit des Partners zu bekommen. Nebenbei sei angemerkt, daß wir normalerweise bei dieser Methode mit fünf, neun oder dreizehn Karten die letzte Karte auf die Personenkarte legen, was hier natürlich nicht möglich ist, weil wir alle 36 Karten benutzen.
4. Nach dieser Vorbereitung, beginnen wir mit dem Festlegen der Kreuze innerhalb der Auslage, wobei wir mit der Personenkarte beginnen.
5. Für das Festlegen der Auslage gebrauchen wir nacheinander das Hauptkreuz und die Auslage Schicksalskreuze oder Karma-Kreuz, um die Umstände des Partners für Gegenwart Vergangenheit und Zukunft zu deuten. Dabei benutzen wir auch die Schlüsselwortmethode.

Eine Methode, um die Beziehung und das Karma zwischen Frager und Partner zu begreifen

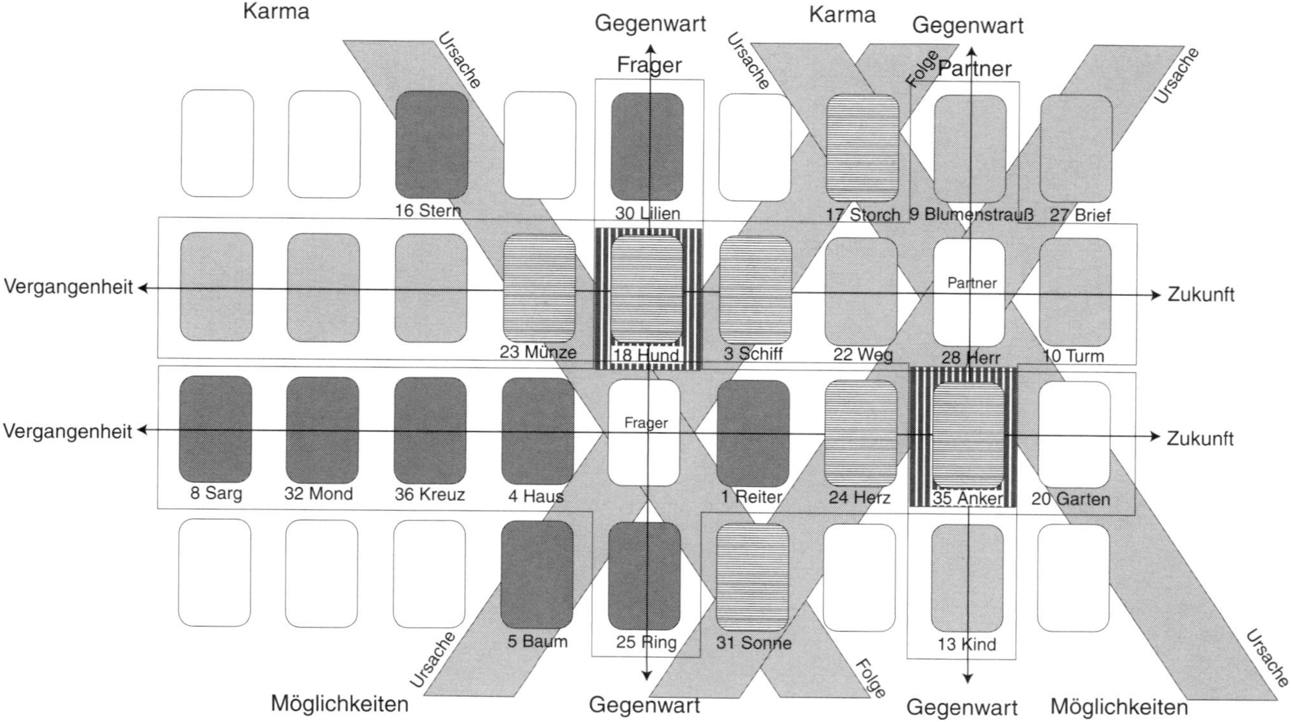

6. Um eine Analyse der Persönlichkeit und des Charakters des Partners zu erhalten, legen wir die Auslage mittelalterliches Horoskop mit den 12 Häusern aus.
7. Nachdem wir durch die vorausgegangenen Methoden ein sehr deutliches Bild von der Persönlichkeit des Partners und der Situation bekommen haben, in der er sich befindet, beginnen wir nun tiefer in die Beziehung und das Karma, die Frager und Partner miteinander verbinden, zu schauen.
8. Nachdem wir das Hauptkreuz, das Karma-Kreuz und die Horoskopauslage für beide Partner betrachtet haben, suchen wir danach, wo Hauptkreuz und Karma-Kreuz einander berühren oder überschneiden. Zur Erläuterung nehmen wir einmal die nebenstehende Zeichnung als Beispiel.
9. Beachten Sie, daß - wenn einer der Partner am Rand der Auslage erscheint - Teile vom Hauptkreuz oder vom Karma-Kreuz verschwinden können. Wir interpretieren dann das, was vor uns auf dem Tisch liegt. Und falls bestimmte Sachen noch nicht deutlich sind, beispielsweise wenn der Frager oder der Partner am rechten Rand der Zukunft liegen, fangen wir mit beiden Methoden noch einmal von vorne an. Die Botschaft der Karten wird sich so oder so durchsetzen.
   Es versteht sich von selber, dß wir alle 36 Karten des Spiels dabei gebrauchen.

2. Eine Methode, um die Beziehung und das Karma zwischen Frager und Partner zu begreifen

Um die Beziehung und das Karma zwischen Frager und Partner zu begreifen oder um zu wissen, was kommen wird, wie und wann das Schicksal die beiden verbindet, müssen wir erst die Karten nach dem Hauptkreuz und dem Karma-Kreuz zwischen Frager und Partner auslegen. Zur Verdeutlichung geben wir nun das folgende Beispiel, dabei ist darauf zu achten, daß diese Karten auch in anderer Weise plaziert sein könnten. Dies ist nun zunächst ein beliebiges Beispiel. Wir gehen folgendermaßen vor:

Das Hauptkreuz und das Karma-Kreuz

Wir schauen nun, wo die Karten beider Persönlichkeiten auf dem Hauptkreuz einander begegnen.

Bei der Fragerin oder der Karte Nr. 29, die Dame, fällt uns die Karte Nr. 18, der Hund, auf.

Diese Karte liegt in der Gegenwart bei der Fragerin und in der Vergangenheit bei dem Partner der Karte Nr. 28, der Herr.

Interpretation: Die Fragerin kann mit einem treuen Partner rechnen. Er wird alles tun, um sie zu stärken, zu beschirmen und auf jede Art zu unterstützen.

Sodann schauen wir nach den Karten, die zwischen der Karte Nr. 18, der Hund, und der Karte Nr. 28, der Herr, liegen.

Diese Karten verbinden die Fragerin (repräsentiert durch Karte Nr. 18, der Hund, die zur gleichen Zeit auch bedeutet, daß die Fragerin eine treue und loyale Freundin ist) und die Karte des Partners, Karte Nr. 28, der Herr.

Diese Karten dazwischen sind die Karte Nr. 3, Schiff, und die Karte Nr. 22, Weg. Dabei ist zu beachten, daß das Schiff eine Karte aus dem Karma-Kreuz ist und daß sie auf Seiten der Fragerin eine Folge anzeigt, die aus der Vergangenheit für die Zukunft resultiert.

Wir sehen, daß die Fragerin in der nahen Zukunft durch den Partner zu einer Reise eingeladen werden wird.

Diese Reise wird ihre Gesundheit günstig beeinflussen und das Leid zurücklassen, das ihr durch falsche Freunde einst angetan wurde (Karte 23, Mäuse).

Dies alles wird sie vor eine Wahl stellen. Was wird sie in ihrem Leben weiterhin tun? Wird sie ihr Schicksal an das des Partners binden? Diese Reise wird sie glücklich und auch optimistisch machen.

Karte 31, Sonne, gibt darüber weitere Auskunft.

Diese Karte liegt im Karma-Kreuz von der Fragerin in der Zukunft und im Karma-Kreuz des Partners in der Vergangenheit.

Weil der betreffende Partner die Fragerin so glücklich macht, kann sie positiver und optimistischer dem Leben gegenüberstehen. Wir bemerken dabei, daß es vor allem von der Fragerin abhängen wird, ob sie glücklich werden wird oder nicht, denn die Sonne liegt im Bereich ihrer Handlungsmöglichkeiten.

An dem Partner soll es also nicht liegen! Er wird ihr alles Glück der Welt schenken! Das merken wir auch an der Karte, die den Partner mit der Sonne verbindet: Karte Nr. 24, Herz, das in der Zukunft beim Hauptkreuz der Fragerin und beim Karma-Kreuz des Partners anzutreffen ist.

Diese Karte sagt auch aus, daß der Partner sein Herz für die Fragerin geöffnet hat und daß er sie glücklich machen wird.

Wenn wir noch einmal zurückgehen zu den Karten, die den Herrn und den Hund verbinden, sehen wir außer dem Schiff noch den Weg, Karte Nr. 22. Diese Karte handelt davon, wie wir wissen, daß eine Wahl zu treffen ist und daß die Fragerin sich entscheiden muß.

Nun schauen wir nach den Karten, die über und unter dem Weg liegen, und wir finden die Karten Nr. 24, Herz, und die Karte Nr. 17, Storch.

Der Storch liegt an einer Wegkreuzung des Karma-Kreuz sowohl bei Fragerin wie beim Partner.

Diese Karte macht damit deutlich, daß die Wahl und die Entscheidung, vor die die Fragerin gestellt wird, in Verbindung steht mit einer weiten Reise und mit einem Umzug, mit anderen Worten, sie wird durch einen Mann zu einer weiten Reise oder zu einem Umzug an einen entfernten Ort eingeladen.

Diese neue Wohnung wird ein wunderschöner Hafen für sie werden. Das erkennen wir an der Karte Nr. 35, Anker, der sowohl beim Hauptkreuz der Fragerin wie auch in demselben vom Partner liegt.

Der Partner wird sie einführen und aufnehmen in eine wohlgestellte Gesellschaft, in eine angenehme Umgebung: Karte Nr. 20, Garten.

Allgemeine Schlußfolgerung:

Die Fragerin, repräsentiert durch Karte Nr. 29, die Dame, wird glücklich werden mit ihrem Partner. Die Beziehung und das Karma, das die beiden verbindet, münden in eine liebevolle Beziehung.

Sie werden umziehen in eine blühende, angenehme Umgebung, wo es sich gut leben läßt.

Übersicht über die verschiedenen Methoden des Kartenlegens mit den Lenormand-Karten

In diesem Kapitel besprechen wir die verschiedenen Arten des Kartenlegens. An frührerer Stelle in diesem Buch haben wir dargestellt, wie wir die Karten auslegen und nach Kreuzen untersuchen. Wir berühren dies noch einmal kurz und gehen dann über zu weiteren Methoden des Kartenlegens, die entweder traditionell oder durch berühmte Kartenleger gebraucht worden sind.
Wer mit dem Kartenlegen starten will, soll am besten mit dem Auskreuzen, dem Festlegen der Kreuze in den Kartenauslagen beginnen. Die folgenden Methoden werden dazu gebraucht (sie sind, wie schon gesagt, bereits früher in diesem Buch dargelegt):

1. Die Einschätzung des Augenblicks

Mit folgenden Methoden:

1. Die Methode mit Dreien: Dabei wird die Personenkarte zunächst aus den 36 Karten herausgenommen. Es werden 3 Karten gezogen, aus dem Stapel der verbleibenden 35, die dritte Karte wird auf die Personenkarte gelegt.

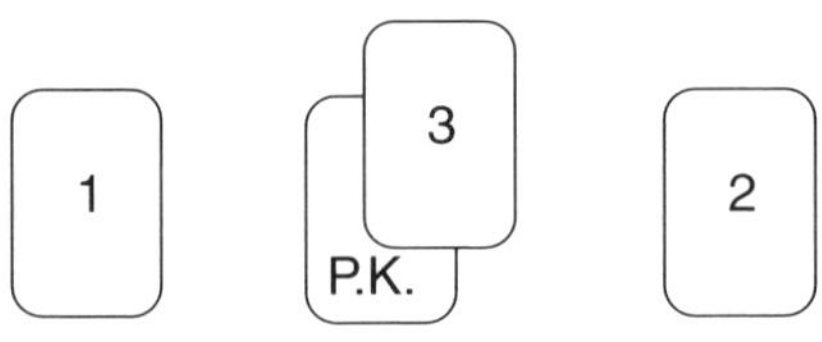

2. Die Methode mit Fünfen: Hierbei wird die Personenkarte zunächst ausgesucht. Es werden dann 5 Karten aus den verbleibenden 35 Karten gezogen, dabei kommt die 5. Karte auf der Personenkarte zu liegen.

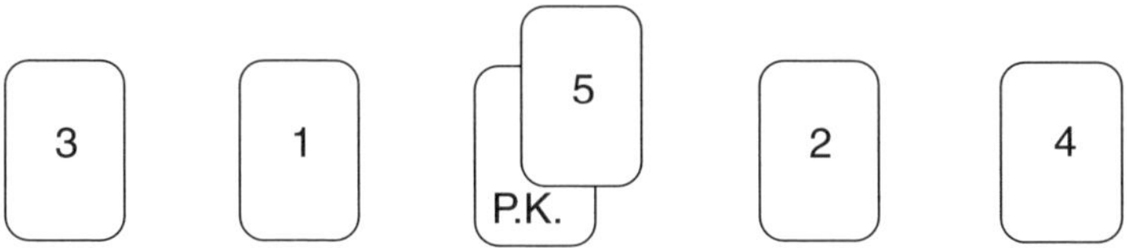

3. *Die Methode mit Neunen:* Dabei wird die Personenkarte zunächst aufgedeckt und neun Karten werden aus den verbleibenden 35 gezogen. Die neunte Karte wird auf die Personenkarte gelegt.

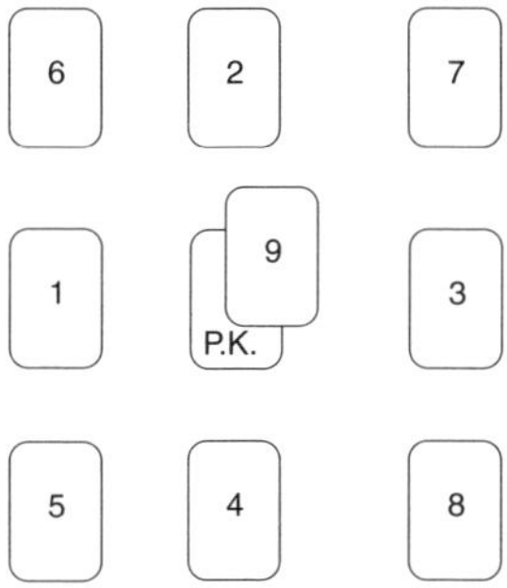

4. *Die Methode mit Dreizehn:* Hier legen wir wieder zunächst die Personenkarte heraus, bevor dann die einzelnen Karten gezogen werden. Dieses System ist die Vorbereitung zu der Auslage Hauptkreuz.

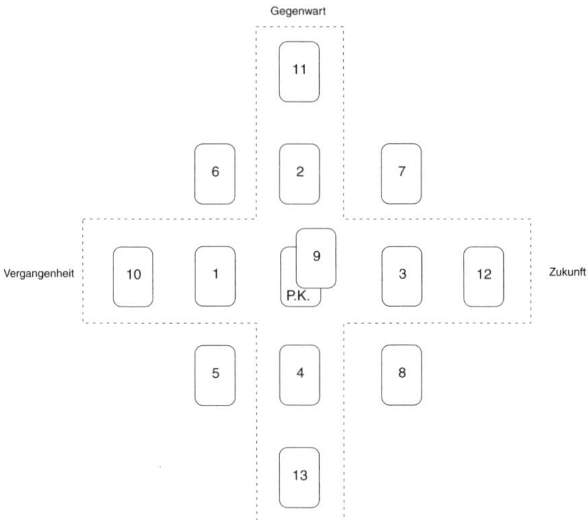

2. Das Auskreuzen der Karten

1. Das Hauptkreuz: Nun werden alle 36 Karten gebraucht und ausgelegt.

Wir schauen nach der Personenkarte und bestimmen daraus das Hauptkreuz, das wir dann interpretieren.

In diesem System wird die Persönlichkeit des Fragers beleuchtet und ausgedeutet in bezug auf Vergangenheit, Gegenwart und Zukunft.

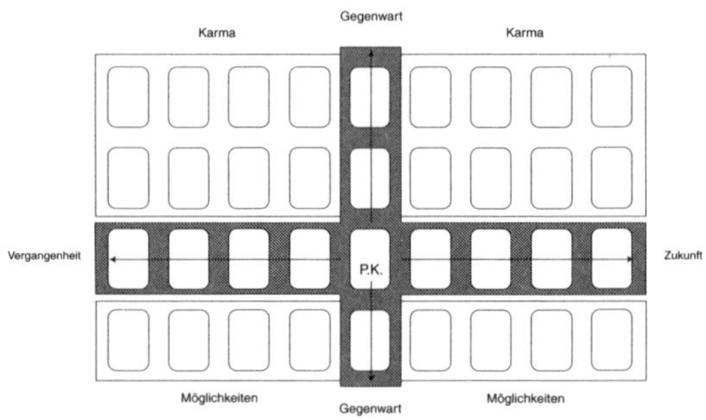

2. Das Kreuz des Schicksals oder Karma-Kreuz: Bei dieser Legeart wird das Schicksal des Fragers entschleiert. Ursache und Folge von Gedanken und Taten werden im Zusammenhang mit dem Karma offengelegt. Man könnte das Ganze auch die Verantwortlichkeit und die Bestimmung des Fragers nennen.

Dabei gilt es darauf hinzuweisen, daß hier das Hauptkreuz und das Karma-Kreuz nichts zu tun haben mit den Kreuzen, wie sie in der Astrologie gebraucht werden.

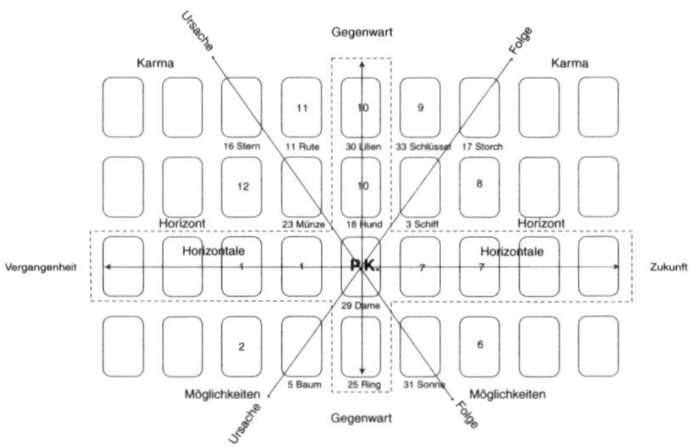

3. Die Schlüsselwortmethode: Hier geht es um den Zusammenhang und Verbindung der Karten, die auf derselben Linie liegen oder die sich übereinander in der Auslage befinden. Dieses System wird gebraucht, wenn man die bestehende Lage und ihr Potential einschätzen will.

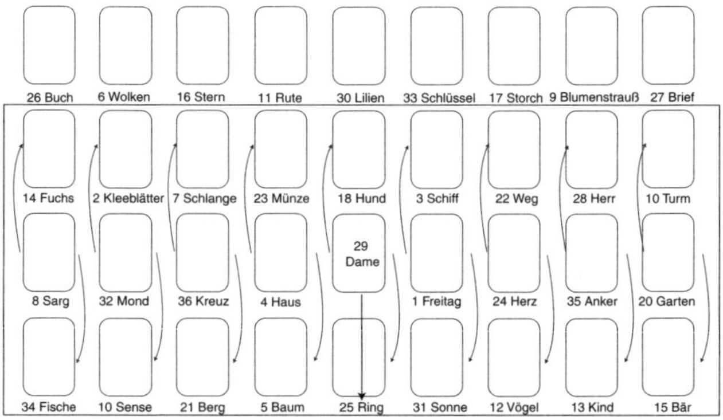

3. Das mittelalterliche Horoskop

Das mittelalterliche Horoskop mit den 12 Häusern: Hier wird ein Horoskop mit Karten erstellt. Dieses bezieht sich auf die astrologischen Häuser. Wir benutzen diese Methode, um den Charakter und Persönlichkeit des Fragers auszudeuten.

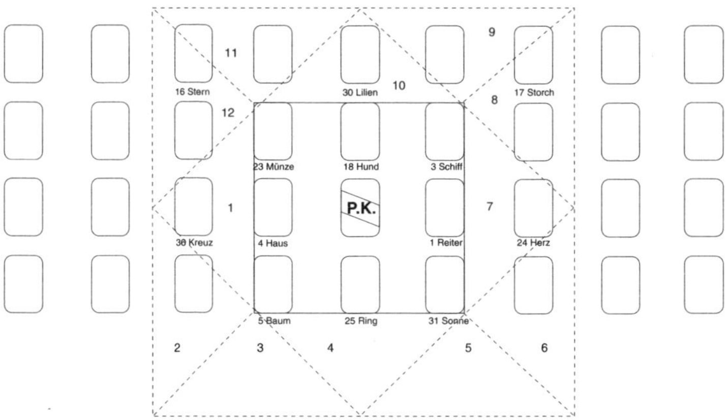

4. Die Partnerbeziehungen

Die Beziehung und das Karma zwischen Frager und Partner: hierbei werden die Karten nach den Kreuzlinien von Hauptkreuz und Karma-Kreuz betrachtet. Wir schauen, in welcher Ecke oder auch welcher Linie die Karten von beiden Partnern einander ergänzen.
Diese Karten sind sehr bedeutungsvoll, um die Beziehung und deren Entwicklung kennenzulernen.

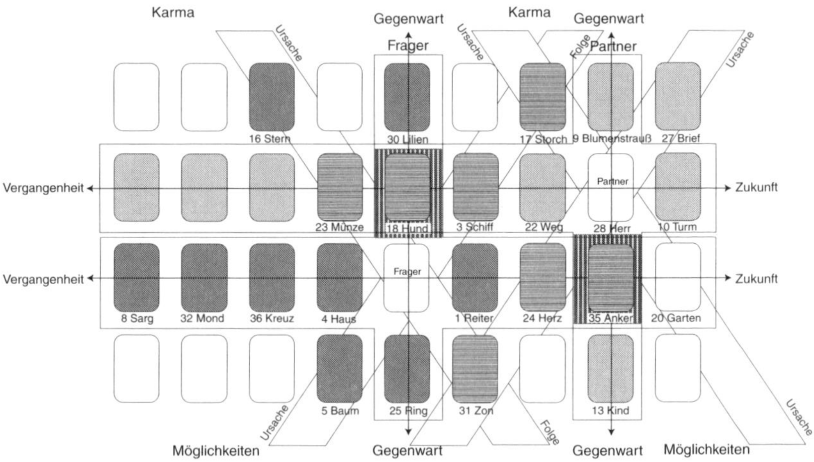

Sonstige Methoden des Kartenlegens

Im folgenden werden verschiedene Methoden dargelegt, die Sie mit den 36 Lenormand-Karten ausprobieren können.

1. Besondere Fragen des Klienten:
Wenn Sie eine Frage zu einem bestimmten Thema haben, zum Beispiel zum Thema Kind, Karte Nr. 13, dann können Sie die Kartenlegemethoden mit den Dreien, den Fünfen, den Neunen oder den Dreizehn gebrauchen, wobei das Kind jeweils auf den Platz der Personenkarte gelegt wird.
Die Karte das Kind ist dann die Personenkarte, und von hieraus wird dann gedeutet.
Mit dieser Methode können Sie eine sehr starke Interpretation geben.

2. Eine Folge von Fragen:
Bei dieser Legemethode müssen Sie ehrlich zu sich selbst sein und beharrlich die Karten legen können. Dieses System besteht darin, daß Sie zuerst eine Karte wählen, die mit dem übereinstimmt, was Ihnen auf dem Herzen liegt.
Sie haben zum Beispiel eine studierende Tochter und möchten wissen, wie das Studium und die Examen ausgehen werden. Sie nehmen die Karte Nr. 26, Buch, aus dem Kartenstapel und legen diese auf den Tisch. Diese Karte stellt das "Studium" dar. Die übrigen 35 Karten werden gemischt und danach gezogen. Für jede Frage, die Sie stellen, ziehen Sie eine Karte. Man kann vielleicht folgende Fragen stellen:

a) Wie ist die gegenwärtige Situation im Zusammenhang mit dem Studium meiner Tochter?
b) Wie verläuft dieses Studium?
c) Was muß sie beachten für ihr Examen?
d) Was sind die hinderlichen Faktoren im Zusammenhang mit ihrem Studium?
e) Was sind die unterstützenden Faktoren im Zusammenhang mit ihrem Studium?
f) Wie kann ich ihr helfen?
g) Was ist das schließliche Ergebnis des Examens?

Achten Sie dabei darauf, jede Frage klar zu stellen, so daß eine Frage beispielsweise nicht aus zwei Fragen besteht, denn das schafft Verwirrung.
Jedesmal, wenn Sie eine Frage stellen, ziehen Sie eine Karte aus dem Stapel der verbleibenden 35 Karten. Diese Karte gibt Ihnen jeweils eine Antwort auf die betreffende Teilfrage.
Die Karten mit den Nr. 28 und 29, der Herr und die Dame, müssen im Spiel bleiben, weil sie hier Freund oder Freundin, Vater oder Mutter darstellen können.
Nachdem Sie die Fragen gestellt haben und dazu eine Karte gezogen haben, werden die gezogenen Karten auf die Seite gelegt. Sie stehen für das weitere Kartenziel bei dieser Auslage nicht zur Verfügung.

3. Die Methode "weit entfernt oder nahe bei":
Bei dieser Legemethode schauen wir nach der Bedeutung von jeder Karte und nach jeder Auslage, indem wir nach dem Platz in der Auslage fragen, wie bereits früher in diesem Buch erläutert.
Hierzu brauchen wir alle 36 Karten und breiten diese in 4 Reihen von jeweils 8 Karten aus und in einer Reihe mit 4 Karten.
Einzelne Karten spielen in dieser Auslegung eine besonders wichtige Rolle, beispielsweise die Karte Nr. 6, Wolken, oder die Karte Nr. 5, Baum, oder die Karte Nr. 25, Ring.

Man achtet nun darauf, welchen Platz die betreffenden Karten einnehmen und ob und wie sie die Personenkarte beeinflussen. Für dieses System kann man die traditionellen Deutungen oder Erklärungen benutzen, die jeder Kartenpackung beigelegt ist.

4. Die astrologische Methode:
Hierbei gehen wir jetzt anders vor als in der Auslage "mittelalterliches Horoskop mit den 12 Häusern", obgleich die 12 Häuser auch hier gebraucht werden. Man legt die Persönlichkeitskarte in die Mitte der Auslage und zieht 12 Karten aus den 35 verbleibenden, jetzt gut gemischten Karten und legt eine aus für jedes Haus (so wie in der nebenstehenden Zeichnung angegeben).
Für die Interpretation muß man die Bedeutung nachschlagen, die wir hier für die 12 Häuser gegeben haben (vgl. oben). Sie fügen hier die Bedeutung der Karte mit der Bedeutung der einzelnen Häuser zusammen. Diese Methode ist sehr gut geeignet, um ein Bild vom gesamten Lebensfeld des Fragers zu zeichnen.

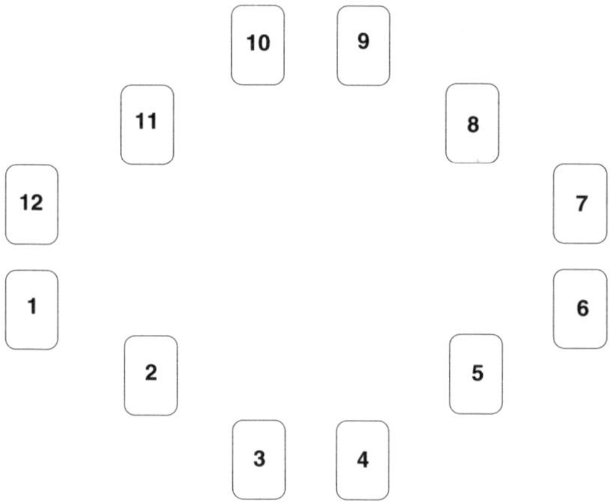

5. Die Wahrsagekarten nach der Methode Lenormand:
Diese Karten sind durch das Werk von Madame Lenormand angeregt worden und wurden folgendem Buch beigefügt: Wahrsagen mit Spielkarten und Wahrsagekarten. In diesem Buch der Autorin, zum erstenmal 1990 erschienen, sind Wahrsagekarten beigefügt, es werden 36 sowie 52 Spielkarten gebraucht.

Die Wahrsagekarten nach der Methode Lenormand

1. Pläne und Projekte	2. Zielvor-stellung	3. Erfolgsaus-sichten	4. Hoffnungen	5. Der Zufall	6. Wünsche und Verlangen	7. Unrecht	8. Dankbarkeit	9. Bündnisse, Gemeinsamke iten
10. Verlust	11. Schmerz	12. Nächste Entwick-lung	13. Freuden	14. Liebe	15. Wohlstand	16. Eheleben	17. Kummer	18. Befriedidung, Genuß
19. Erbschaft	20. Verrat	21. Rivale, Rivalin	22. Geschenke	23. Liebesleben	24. Aufstieg, Vor-ankommen	25. Wohltat, Gelingen	26. Unterneh-mungen	27. Veränderung
28. Ende	29. Lohn, Belohnung	30. Ungnade	31. Glück	32. Geschick, gutes Gelingen	33. Gleichgültig-keiten	34. Unter-stützung, Gönner	35. Beruf, Ambitionen	36. Gesundheit

In dem Buch "Wahrsagen mit Spielkarten und Wahrsagekarten nach der alten französischen Tradition von Madame Lenormand und Etela" legt Erna Droesbeke den Gebrauch von Spielkarten mit verschiedenen Legetechniken dar.
Alle 36 Karten werden dabei benutzt.
Nachdem sie gemischt sind, werden sie in 4 Reihen von jeweils 9 Karten ausgelegt.
Dabei kommt es vor, daß eine Karte dieselbe Botschaft hat wie der Gegenstand oder die Frage auf dem enstprechendem Platz der Auslage. Daran wird deutlich, daß die Wirkung der betreffenden Botschaft noch verstärkt wird. Wenn zum Beispiel die Karte Nr. 9, Blumenstrauß, auf Platz 22 liegt, dem Platz für Geschenke, dann wird der Frager gleichsam in Blumen gebettet oder ein sehr liebevolles Geschenken erhalten.
Folgende Plätze oder Positionen gibt es bei diesem Legemuster:

1. *Pläne und Projekte, mit denen der Frager oder die Fragerin Erfolg haben wird.*
2. *Die Wünsche.*
3. *Wird sich Erfolg einstellen?*
4. *Die große Hoffnung.*
5. *Der Zufall und seine Rolle.*
6. *Das eigene Verlangen.*
7. *Unrecht, das widerfährt.*
8. *Dankbarkeit, die man antrifft.*
9. *Bündnisse, Gemeinsamkeiten.*
10. *Kommender oder drohender Verlust.*
11. *Kommender oder drohender Schmerz.*
12. *Wie entwickelt sich die heutige Situation?*
13. *Freuden, die man antrifft.*
14. *Liebe, die man antrifft.*
15. *Wird sich Wohlstand einstellen?*
16. *Wie wird das Eheleben?*
17. *Worin besteht eine Enttäuschung?*
18. *Womit macht man sich beliebt?*
19. *Was wird man erben?*
20. *Einige Unannehmlichkeiten.*
21. *Ein Rivale, eine Rivalin.*
22. *Kommende Geschenke.*
23. *Das Liebesleben.*
24. *Die Verbesserung des Schicksals.*
25. *Das wird gelingen.*
26. *Erfolg bei den Unternehmungen?*
27. *Kommende Veränderung.*
28. *Ende oder Tod einer Person, einer Sache oder einer Situation.*
29. *Wo geht es voran?*
30. *Wird das eigene Vertrauen enttäuscht?*
31. *Glück, das Sie erwartet.*
32. *Gutes Geschick, das auf Sie zukommt.*
33. *Dokumente, Berichte, Informationen.*
34. *Die Freunde, Freundinnen.*
35. *Der Beruf.*
36. *Drohende oder zu beachtende Kankheit.*

6. Die unmittelbare Antwort:
Diese Methode ist besonders geeignet, wenn Sie für eine bestimmte Situation eine Diagnose stellen möchten.
Ereignisse und Begleitumständen werden gut erkennbar.
Zuerst stellen wir eine Frage, die in Zusammenhang mit der Symbolik der Karte steht. Nehmen wir einmal an, daß Sie mehr über eine Reise, die Sie vorbereiten, wissen wollen: Sie nehmen dann die Karte für das Reisen - Karte Nr. 3, Schiff. Wenn Sie zum Beispiel Fragen zu einem Kind haben, nehmen Sie Karte Nr. 13, Kind, als Fragekarte.
Wie geht man nun vor?
Alle 36 Lenormand-Karten mischen und abheben (immer mit der Abbildung nach unten). Dann in vier Reihen von je neun Karten auslegen. Wir suchen nun die Fragekarte, um die es geht. Wo befindet sich diese in der Auslage?
Welche Karten liegen um sie herum und bilden das Viereck? Diese Karten, die direkt über, unter, links und rechts neben der Fragekarten liegen, werden gedeutet; sie enthalten die wesentliche Antwort auf die Frage. Die übrigen vier Karten aus dem Viereck verbinden jene miteinander und geben Aufschluß über weitere Besonderheiten.
Man kann bei dieser Vorgehensweise auch verschiedene Fragen stellen. Man muß nur jedesmal eine Karte auswählen, die die jeweilige Frage repräsentiert.
Was geschieht, wenn in einem Viereck nicht genug Karten liegen?
Falls die Fragekarte am Rand der Auslage liegt, muß das Viereck ergänzt werden. Das geschieht auf der horizontalen Linie auf folgende Weise:
Wenn man der rechten Seite eine Karte fehlt, die zur Bildung deines Vierecks erforderlich ist, füllen wir das Viereck mit der ersten Karte der folgenden
horizontalen Linie.
Wenn man der linken Seite eine Karte fehlt, die für ein vollständiges Vierecks erforderlich ist, füllen wir das Viereck mit der letzten Karte der vorherigen
horizontalen Linie.
Wenn einmal die Fragekarte als die 36. Karte auf den Tisch kommt, so nehmen Sie die erste Karte aus dieser Auslage, um das Viereck vollzumachen.

Die als zehnte gezogene Karte kommt dann unter der Fragekarte zu liegen.
Wenn die Fragekarte als erste Karte gezogen wird, nehmen Sie die als 36. gezogene Karte und legen Sie an den linken Rand der Fragekarte. Die als 27. gezogene Karte kommt dann über der Fragekarte zu liegen.

7. Die Begegnungskarten:
Auch hierfür werden alle 36 Karten gebraucht.
Mischen Sie die Karten und legen Sie sie in zwei Stapeln ab, wobei Sie abwechselnd eine Karte jeweils nach links und nach rechts legen (mit den Bildern nach unten). So erhalten Sie zwei Stapel von je 18 Karten. Nun nehmen Sie mit der linken Hand die erste Karte des linken Stapels und mit der rechten hand die eerste Karte vom rechten Stapel. Legehn Sie beide nebeneinander.
Diese beiden Karten „begegnen" einander und werden daher die „Begegnungskarten" genannt.
In gleicher Weise gehen Sie die beiden Stapel durch, wobei Sie eine richtige Geschichte aus den Karten ablesen können.
Mit dieser Legemethode erfahren Sie etwa, wie manche Probleme zusammenhängen und miteinander verflochten sind.

8. Lenormand-Karten und andere Orakelkarten:
Viele Kartenleger kombinieren die Lenormand-Karten mit anderen Orakel-Systemen, um mehr über die Fragekarte herauszubekommen. Das funktioniert gut und verleiht der Interpretation eine besondere Dimension.
Stellen Sie sich einmal vor, daß Ihr Klient mehr über eine bestimmte Karte wissen will, die vor ihm auf dem Tisch liegt. Sie lassen ihn dann eine Karte aus einem anderen Orakel dazu ziehen.
Man erhält weiteren Aufschluß über die fragliche Situation und die zusätzliche Karte kann die Botschaft der Lenormand-Karte verstärken oder abschwächen.
Wenn man zum Beispiel die Karte Nr. 33, Wildgänse, aus dem Tarot der Isis zeiht und diese auf die Karte Nr. 4, Haus, aus den Lenormand-Karten legt, dann läßt sich klar ablesen, daß man bei sich Zuhause Besuch zu erwarten hat. Im Tarot der Isis stellt nämlich die Karte „Wildgänse" Besucher dar.

Falls diese Karte umgekehrt auf die Karte „Haus“ gelegt wird, muß man dementsprechend falsche Freunde und sogar Diebe erwarten.

Einige empfehlenswerte Orakelkarten:

1. Tarot der Isis
besteht aus 36 Karten. Dieses Orakel ist hervorragend geeignet zur Klärung der seelischen Bedeutung einer Auslage. Außerdem wird auch die Tarot-Symbolik hier neu beleuchtet.

2. Blumenorakelkarten
bestehen ebenfalls aus 36 Karten. Jede Karte bietet einen besonderen Ratschlag mit Vorhersage.

3. Neue Lenormand-Karten
entworfen und gezeichnet von Erna Droesbeke. Die Abbildungen greifen auf die Traum-Symbolik und auf die Farben der Aura zurück.

Schließlich ist es auch eine Frage Ihrer Fantasie, weitere Methoden zu erfinden und kreativ zu nutzen, um die Lenormand-Karten voll zu erschließen, die sich mit Recht seit so vielen Jahren einen besonderen Platz unter den Orakelkarten erobert haben.